本书得到西安交通大学人文社会科学学术著作出版基金和
中央高校基本科研业务费专项经费资助
Supported by Xi'an Jiaotong University Humanities and Social Sciences
Academic Publications Fund and
the Fundamentel Research Funds for the Central Universities

复杂系统视域下的视觉美学研究

鲁鹏 著

Visual Aesthetics in the Perspective of Complex Systems

西安交通大学出版社
XI'AN JIAOTONG UNIVERSITY PRESS

图书在版编目（CIP）数据

复杂系统视域下的视觉美学研究 / 鲁鹏著 . —西安：
西安交通大学出版社，2022.11
ISBN 978-7-5693-1708-4

Ⅰ . ①复… Ⅱ . ①鲁… Ⅲ . ①美学 – 研究
Ⅳ . ① B83

中国版本图书馆 CIP 数据核字 (2020) 第 044881 号

书　　名	复杂系统视域下的视觉美学研究 FUZA XITONG SHIYU XIA DE SHIJUE MEIXUE YANJIU
著　　者	鲁　鹏
责任编辑	赵怀瀛
责任校对	柳　晨
装帧设计	鲁　鹏　伍　胜

出版发行	西安交通大学出版社 (西安市兴庆南路 1 号　邮政编码 710048)
网　　址	http://www.xjtupress.com
电　　话	(029)82668357　82667874(市场营销中心) (029)82668315(总编办)
传　　真	(029)82668280
印　　刷	西安五星印刷有限公司

开　　本	787mm × 1092mm　1/16　印张　14.125　字数　130 千字
版次印次	2022 年 11 月第 1 版　2023 年 4 月第 1 次印刷
书　　号	ISBN 978-7-5693-1708-4
定　　价	88.00 元

如发现印装质量问题，请与本社市场营销中心联系。
订购热线：(029)82665248　(029)82667874
投稿热线：(029)82668133
读者信箱：xj_rwjg@126.com

序 言

PREFACE

在当今社会，设计 (design) 已经成为文化和日常生活的核心而存在于这个世界上，设计实践的意义并非只是一项专业实践，设计实践的范畴也不仅仅是国内现有学科目录上的“设计学”所能涵盖的。设计已经发展为一门集社会、文化、哲学、科学、艺术等研究于一体的应用性的学科群。设计的这种跨学科性需要更多不同背景的研究者介入设计实践与设计研究活动中来，还需要社会大众对设计的价值和意义有更深层次的理解，如此才能搭建一种互动的、利于沟通的设计文化平台。设计作为多门学科的交叉地带，很多问题已经远远超出了设计本体的范畴。

随着设计活动的不断扩展，不论是设计领域内部，还是设计与其他领域的关系都面临着深刻的结构重组与全新的研究模式，这需要在跨界交锋中激荡创意思维。这些新问题的出现无疑反映出按照既有专业划分的壁垒森严的设计模式早已不适应当下的设计专业发展，也不利于对设计人才的培养。设计者必须在整个立体的“网络体系”中思考，不断调整自己的“坐标与定位”，及时发现自己与相同领域的交叉点与差异性，动态调整自己与其他领域的结合点与界线。所以设计不能越做越小，设计师应该放大思考设计的格局。但是，按照传统的社会分工和知识分类模式，设计却被切割为不断细化的各门具体专业，例如，视觉传达设计、环境设计、工业设计、产品设计、室内设计等具体的专业。设计的共性问题被忽视，不同领域的设计缺少对话的平台，缺乏对于设计共性问题的研究，更缺乏站在复杂性研究的视角，对设计进行分析和研究。

由于设计学涉及的问题非常广泛，跨越科学、哲学、伦理学等不同的领域，本书依托于科学哲学、信息哲学、比较哲学、语言学、思维科学、文化学、认知科学等多个领域的学术成果，对设计学的复杂性问题和复杂性特征进行研究。

法国学者埃德加·莫兰的《复杂性思想导论》、美国学者尼古拉斯·雷舍尔的《复杂性：一种哲学概观》，尤其是钱学森的“开放复杂巨系统理论”为本课题研究提供了新的思路和理论支撑。设计学是多层次的有机系统：它不是一套静态的知识系统，它需要不断地对知识系统进行更新与重构；它也不是一种固定的设计科学方法论，而是以宏观的视野、系统的思维、整合的态度来看待设计；它是一种态度、一种探索的方法、一种价值观念。

纵观已有的研究成果和文献资料，设计的复杂性研究是学界的一个重要课题，但其相对于其他成熟的研究领域来说，还属于初步阶段。本书以笔者博士论文为基础，是对设计领域的复杂性问题的初步研究成果。从某种意义上来说，笔者希望在对设计复杂性问题研究的同时引起人们的关注，进而引发人们深思和讨论。

在历时三年的写作过程中，感谢我的导师钟明善教授，以及李建群教授、张思锋教授对我的悉心指导，感谢我的挚友王伟教授对我的帮助和鼓励，也感谢我的好友编辑赵怀瀛在炎炎夏日里对本书的精雕细琢。由于笔者知识阅历等方面的原因，本书自然会有一些值得继续深入探讨的地方，希望得到广大同仁们的批评指正。

鲁 鹏

于西安交通大学

目录

CONTENT

第1章 设计复杂性问题研究的可能性与必要性

第2章 设计美学的复杂性

第3章 复杂性语境下中西设计发展历程

第1章

设计复杂性问题研究的可能性与必要性

正如设计这门学科本身一样，如何理解和研究设计是一个真实存在且饱受争议的问题。有人认为，设计本质上应该是简单的，是人们的不同见解和研究把设计搞复杂了；也有人认为，设计本质上就是极其复杂的，只有不断深入研究，才能获得真正的认识，得到“简单”的道理；还有人认为，其实简单与复杂是有机联系的链条，是简单产生复杂。

设计同时具有艺术与科学的属性，既包含着理性的对象分析，又无法避开感性的认知评判。设计更是一种价值观表现的载体，必然存在着价值判断的问题，只是这种判断不一定只限于好与坏、是与非，或是简单与复杂的二元判断。设计研究需要回答设计的本质属性问题，从一般化的抽象高度来认识设计，建立理论模型，改进设计的方法与工具。因此，本书是从更一般的角度分析设计的复杂性问题，即如何认识、如何分析、如何思考，以及如何应用设计的问题。如果说设计与逻辑相关，应该没有人会怀疑，设计必然是某种逻辑推演的结果；而如果说设计是直觉和偶然的，应该也有人会赞同，设计是关乎可能性的一种实践反映的结果。其实，这就是设计本质的一种复杂性，而对设计的这种复杂性理解得越多，就越有可能接近其本质。这种理解将有希望决定设计的核心价值、存在方式、创新模式和未来的方向。

1.1 复杂性科学向人文社会科学渗透

1.1.1 复杂性的本源

1. 复杂性的词源学考量

在汉语中，“复杂”是一个复合词，由“复”和“杂”两个字组成。《说文解字》：“复，往来也。”由此引申为重复之意。其实，在这种往复、重复中，也就蕴涵了某种规律性的东西。“杂”，古体字写作“雜”，由衣、集会意，表示各种衣服聚集在一起，有颜色混乱不一的意思，其本义即指五彩相合、颜色不纯，引申为混合、掺揉、聚集、错杂等意。《说文解字》：“杂，五彩相会。”《现代汉语词典》（第7版）对“复杂”的解释是：（事物的种类、头绪等）多而杂。一般认为，非线性、不确定性、不稳定性是复杂性的根源。

总之，从汉语辞源上来说，“复”表示反复而多样，但有规律可循；“杂”表示多且乱，杂乱无序，因而无章可循。“复杂”就是将无序和有序结合起来，介于有序和无序之间，因此才显得“复杂”，这与当代的复杂性理论是很契合的。

《不列颠百科全书》中关于系统科学中的“复杂性”属性描述了八种特征：不可预测性、连通性、非集中控制性、不可分解性、奇异性、不稳定性、不可计算性、涌现性。

可以看出，“复杂”(complex)的词义包括两个方面的内容：本体论方面，它指事物的组成杂而多；认识论方面，它指难于理解和解释，不容易处理，不清楚。“复杂性”(complexity)就是指“复杂”的性质或状态。

2. 科学发现了复杂性“新大陆”

从20世纪中叶开始，原来的经典科学（简单性科学）转变为新兴科学（复杂性科学）。复杂性科学的发展大致可以分为三个阶段。

（1）第一阶段：第一次世界大战与第二次世界大战之间。这一阶段主要的主张是整体论（反对还原论），重要的理论是格式塔和创造性进化论思想。

（2）第二阶段：第二次世界大战后至20世纪60年代。这一阶段主要的主张是系统论、控制论和信息论，以及复杂性科学与热力学第二定律的紧密关系。

（3）第三阶段：20世纪60年代至今。这一阶段主要的主张是突变论、耗散结构论和协同学，代表人物是普利高津学派的学者、赫尔曼·哈肯、埃德加·莫兰。其中，埃德加·莫兰提出复杂性范式，为人们揭示复杂性科学的奥秘提供了思

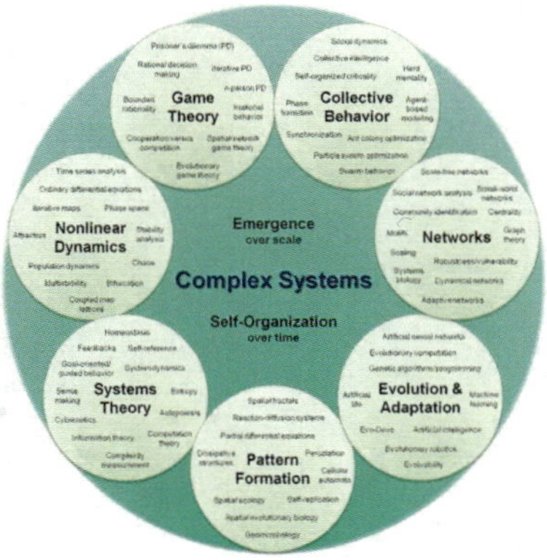

图 1–1 复杂系统应用的领域

维的方法，开始对复杂性科学有了更进一步的认识①。美国圣菲研究所以复杂适应系统为其主要研究目标，对复杂性的研究更加深入，运用现代计算机模拟技术，来认识社会、认识人本身。从图 1–1 中，我们可以看到复杂系统涉及许多研究领域，包括系统理论（System Theory）、博弈论（Game Theory）、集体行为（Collective Behavior）、网络（Networks）、演化和适应性（Evolution & Adaptation）等。

在《易经》中，蕴涵着丰富的复杂性思想。《易经》通过阴 (⚋)、阳 (⚊) 组合排列成八卦，又由八卦演变为六十四卦。《易经》主张：穷则变，变则通，通则久。这样，《易经》把整个宇宙看作是生生不息、变化复杂的。《道德经》中提出“道生一、一生二、二生三、三生万物”，同时指出“人法地，地法天，天法道，道法自然”，阐明了以“道”为核心的宇宙的复杂演化过程。北宋理学家邵雍认为宇宙是一种结构分层、动态演化的复杂过程；太极演化成两仪，两仪演化成四象，四象演化成八卦，八卦再经过一系列的演化，形成了六十四卦。

在西方，赫拉克利特认为万物的本原是火，世界的过去、现在、未来永远是一团永恒的火。他认为：火生气，气生水，水生土，土再生火，火转化为一切，一

---

①司马贺 . 人工科学：复杂性面面观［M］. 武夷山，译 . 上海：上海科技教育出版社，2004：157，168.

切又转化为火，如此循环不已，生生不息。这是一种复杂的转化过程，但遵循着固有的规律，他把这种规律称之为“道”或“逻各斯”。亚里士多德认为，整个宇宙是由火、水、土、气四种元素的交互作用而形成的，所有的事物都由四种原因构成，即质料因、形式因、目的因和动力因。正是由于这四种原因的复杂的交互作用，才形成了世界上万事万物复杂的生灭变化。荷兰哲学家斯宾诺莎认为，宇宙“实体”可以变化为千千万万的具体事物，他把这些具体事物称之为“样式”。实体是样式的根源，样式是实体的变形；实体是整体，样式是部分；实体是无限的，样式是有限的；实体是本质，样式是现象；实体是自身存在的，而样式则要靠别的东西才能存在。黑格尔从“绝对精神”出发，经过逻辑阶段向自然阶段转化，也就是由思维转化为存在，再经过自然阶段向精神阶段转化，也就是由存在转化为思维。他认为，在每一个转化过程中“绝对精神”都有辩证发展的内容。

真正从科学的意义上探索复杂性问题，开始于20世纪20年代。贝塔朗菲创立了一般系统论，这也是复杂性探索的起始。西方首先进行复杂科学研究的是布鲁塞尔学派，其代表人物是普利高津。耗散结构理论是布鲁塞尔学派在研究远离平衡的开放系统时提出的，是一种自组织理论，主要研究开放系统从混沌的初始状态向有序的结构组织演化的过程。哈肯学派也对复杂科学进行了深入研究，他们所创建的协同学理论被称为目前“最先进的自组织理论”。协同学主要是利用微分方程和数学模型建立序参量方程，描述系统的自组织。协同学重点研究非平衡的自组织系统以及其他非平衡的相变是怎样从有序到新的混沌的辩证过程。最后，圣菲研究所是美国复杂科学研究的代表。圣菲研究所以西方哲学为指导，认为复杂性科学的核心是由三个相关方面构成的集合。尽管圣菲研究所提出的复杂性定律只是一些经验总结，但在管理实际中颇有效力。

复杂性科学在中国的研究者是以钱学森为代表的中国学者，他们吸取西方科学精神和现代科学新的研究成果，同时吸收中国古代哲学的营养，运用辩证唯物主义，把还原论与整体论结合起来，创造性地提出“开放复杂巨系统”的思想和“综合集成”方法论，走出了一条与西方研究者不同的道路。

1.1.2 复杂性科学的基本特征

1. 复杂性科学强调开放性

任何一个系统在一定的外部环境中存在、运行、演化、延续，系统的结构、状态、属性、行为在一定程度上与环境有关并受到它的影响。一般地讲，环境影响着系统整体的涌现性，环境的复杂性是造成系统复杂性的重要根源。因此，研究复杂系统必须把环境当作系统来分析，必须考虑环境与系统本身的相互作用。

2. 复杂性科学强调综合性

复杂性科学不是一门具体的学科，而是分散在许多学科中，是学科互涉的。从传统的分类学科到现在的交叉学科，从政治、经济、生物到语言、市场、交通，它几乎存在于人类生活的每一个角落，甚至很难说清它的边界之所在。复杂性科学打破传统学科之间互不往来的界限，寻找各学科之间的相互联系、相互合作的统一机制。它打破了从牛顿力学以来一直统治和主宰世界的线性理论，抛弃还原论适用于所有科学的梦想，应用新的思维模式来理解自然界带给我们的问题。

3. 复杂性科学强调整体性

复杂性科学从整体观出发，承认整体之中的组分之间的广泛、复杂的相互作用，从而使自身具有沟通两种文化和古今中外思想的综合作用。正是复杂性科学的群落开放性和整体综合性，使得它虽生于自然科学的襁褓，但成熟后却可以灵活自如地去拥抱人文社会科学。复杂性科学不是人为的标新立异，也不是一时的浪潮，它是人与自然的最新对话，是科学自我更新的结果。它不是在一门或若干门科学内发生的局部变化的结果，它是人们在发现了“新大陆”后结出的硕果。这个复杂性的“大陆”是开放性的，它对所有领域、所有真心诚意的访客进行开放，为人们提供一种崭新的看待世界的方式。

1.1.3 复杂性科学的基本原则

1. 整体原则

20 世纪初，在生物进化的新生品质出现的问题上，经典科学惯用的还原方法无法解释在此过程中新生品质突然出现的现象。或者说，从经典科学里不能找到合理的因果关系来解释新生品质出现的原因。人们逐渐认识到，“突现的”品质只能从整体上来理解，不能走经典科学的还原主义的道路，而持这种“整体突现”观点的进化观就是“整体进化观”。1926年，南非哲学家斯穆茨对“突现”这一观点进行了加工，并在《整体论与进化》一书中尝试建立突现原理①。自此以后，整体观就大行其道，“格式”“系统”“整体”和“突现”等成为广泛采用的概念和名词。现在，“突现”现象和原理被复杂性科学普遍接受，并被用来作为反对还原论、简化论的有力证据。

2. 系统原则

系统原则是建立在整体论基础上，但又超越了整体原则的一个具有广泛现实基础和具有综合跨越连接作用的操作性、技术性的原则。也可以说，系统原则是对整体原则的修正。系统论认为整个自然处于等级的系统结构之中，除了作为最高级别的自然系统外，任一系统又有内外之分，系统由子系统构成其内部结构，而其自身又是更高级别系统的结构性子系统。实际上，著名古生物学家德日进也于20世纪40年代在广泛观察的基础上获得了这种认识，并把事物普遍具有内与外的结合

①柯林武德．自然的观念［M］．吴国盛，译．北京：北京大学出版社，2006：192-193.

称为“原子性”[1]，认为把事物的内在面与外在面加以统一考虑可以调和唯心与唯物之争[2]。由于系统论的发展，“系统”这一概念成为跨学科或跨领域的一个“通用概念”，起到沟通的作用。科学的综合研究也正是在“系统论”的基础上进行的。现在的复杂性研究没有“系统”这一概念或不以系统论的观念作为其理论背景是无法想象的。

3. 过程原则

过程原则在科学的界限内可以追溯到达尔文的进化论，而在哲学上便可上达赫拉克利特的“万物皆流”的思想。赫拉克利特的名言“人不能两次踏入同一条河流”经常被复杂性研究者拾起。注重过程演化的思想与中国古代的流变思想也是一致的，这几乎为所有的复杂性研究专家所觉察和看重。当然，对复杂性科学受惠较深的是柏格森和怀特海，尤以怀特海的“机体哲学”对复杂性研究的影响为甚。总之，过程原则在指导人们认识宇宙的复杂性发展方面具有无可替代的作用。

4. 关系原则

关系被认为与过程不可分离。现代过程关系哲学便是这种认识的理论表现。

---

①德日进．人的现象［M］．李弘祺，译．北京：新星出版社，2006：18-19.
②德日进．人的现象［M］．李弘祺，译．北京：新星出版社，2006：14.

该哲学的兴盛与怀特海有着直接的渊源关系。正是怀特海的代表作《过程与实在：宇宙论研究》开启了现代过程关系哲学的大门。过程关系哲学认为“我们的世界和生命都是动态的、相互关联的过程”，并宣称相关性和过程的特征可直达实在的根基[①]。过程实际与关系密不可分，关系变化是过程的内在机理。可以说，只要有过程存在，就必然有变化的关系存在。复杂性科学面对自然时，也得出了与过程哲学相同的结论。一个复杂适应系统，一个朝向复杂性发展的结构体，其宏观变化的特性有赖于微观部分之间的相互作用。这种作用时刻存在，它既能使系统维持稳态，也能够由于偶然因素创造的机会突破既定的关系模式，而导向新颖的结构。

5. 自组织原则

自组织原则的产生首先来自冯·诺依曼对“元胞自动机”的设想；“控制论之父”维纳在研究自动控制理论的过程中对自组织原理也有所发觉；普利高津在研究非平衡态时开始关注自组织问题，并在理论上进一步发展了它；詹奇则将“自组织”上升到范式的高度，用自组织原理来描述整体宇宙自然的发展演化过程，影响很大。中国道家学派关于“道”的思想更是为现代复杂性专家们所重视，成为他们取之不尽的思想源泉。詹奇在《自组织的宇宙观》一书中多处引用并借鉴了老庄思想。现

①梅斯勒．过程－关系哲学：浅释怀特海［M］．周邦宪，译．贵阳：贵州人民出版社，2009：6.

今，自组织观念已被复杂性科学广泛接受，成为一个用来厘清系统内外行为特性最为常用和有效的指导原则之一。

6. 非线性原则

非线性原则指导下的思维被认为可以在复杂的现实中取代“线性思维”，从而排除该思维方式带来的危险。很多时候，“非线性”几乎成为复杂性的代名词。非线性系统必须被整体性地、综合地来对待，且系统只有处于非线性时，或者说只有非线性动力系统才会形成新的结构，具有新颖性，因此非线性是新颖性的标志之一。简言之，非线性原则是一个区分简单性与复杂性、是否可以近似或还原、有无新颖性的非常简明的认识原则。

7. 差异原则

差异原则并不局限于人文社会科学领域，它是自然界普遍存在的结构性原理。差异性是独特性和新颖性的基础或前提。当人们认识到“世界上没有两片完全相同的树叶”时，差异的普遍存在性便不言而喻。生物学家刘易斯·托马斯告诉人们：“独特性是生物界极为稀松平常的品性。”[①]就是说生物界充满了差异性。差异是

①托马斯．水母与蜗牛［M］．李绍明，译．长沙：湖南科学技术出版社，1996：2.

有机体产生、发展或变化最为根本的前提。中国古人已经有了这方面的朴素认识，即“和实生物，同则不继”(《国语·郑语》)。在复杂系统中，也总是存在差异，存在各种竞争的“势力”。当系统处于“奇点”处时，各种对立的因素或单位处于均衡的差异状态，此时是偶然性的天下；只有当某种“序参量”在偶然因素作用下占了上风，才会突破均衡，迫使系统朝向有利于它的方向发展，并且导致新颖的整体结构和功能性质出现。

8. 互补原则

互补原理的发现被认为是一个突破“逻辑学极限”[①]的事情。它是由尼尔斯·玻尔在面对光的波粒二象性时，所发现的拓展经验、消除歧义的原理。互补原理承认人类的视角和其所使用的概念都存在局限性或不完备性，同时从另一个视角或使用其他概念予以补充认识，只有这样才能完整地说明或认识同一事物的特性。在复杂性科学研究领域，莫兰较为看重这种“互补原理”，他把此种原理补充到他的复杂性思维中，称之为“二重性逻辑”[②]。就复杂系统而言，系统的宏观整体特性与其微观组分之间的相互作用确实不能同时被观察到，必须要按照互补原理来观察，并

①莫兰．复杂思想：自觉的科学［M］．陈一壮，译．北京：北京大学出版社，2001：147.

②莫兰．复杂思想：自觉的科学［M］．陈一壮，译．北京：北京大学出版社，2001：149.

用互补性概念来描述。塞尔用互补原理来说明人的意识问题，取得了意想不到的成功，这是互补原则优越解题能力的明证。

纵观现代科学的发展趋势，不难看出，现代科学正在向着互相联系的两极同时纵深前进。一方面，社会科学、自然科学、精密科学、技术科学正在互相渗透、交叉融合、综合统一，形成了强大的整体化、宏观化和积分化的趋势；另一方面，随着科研手段的高度现代化和大量分支学科的出现，又同时存在着更加精密化、微观化和微分化的趋势。复杂性范式具有革命性的内涵，它以整体观为统帅开始清算经典科学欠下的“债务”，使科学走出了狭小的决定论天地。它通过本体论上的变革开始关注过程和关系，抛开了思想的重负，并热切地关注起身边的多样性、新颖性，意识到自己生活于一个五彩缤纷的世界中。总之，复杂性科学充满了活力，它将带领人们去认识新世界和跨越新世纪。

1.1.4 复杂性科学对人文社会科学产生的影响

复杂性科学研究是在具体的科学领域中成长起来的，主要是发现了以往经典科学所运用的简化论和还原论无助于对事物复杂性的理解和解释，然后才开始对原有的方法论和哲学基础进行反思，并形成新的研究策略、方法、思维等，来应对新的发现或新的研究形势。这种反思进行到一定的程度，就上升到对自然观、世界观、宇宙观等的改换上，逐渐形成了具有宏观指导性的关于复杂性的哲学思想。“一般系统论”是这一反思活动中比较重大的成果。而今“系统”一词已成为科学研究的常用语。从20世纪二三十年代生物学家贝塔朗菲提出“一般系统论”到当代拉兹洛倡导“广义进化论”（将整个宇宙纳入“系统论”的视野），表明系统论具有很强的“生命力”和很大的普适性。“系统论”思想已经渗透到包括人文社会科学在内的整个科学研究的各个角落里。经济学里就专门有“系统工程”这门课程，由此可见一斑。

在对宇宙的起源、生命的起源进行复杂性研究的过程中，人们总结出带有普遍性的发展演化规律，在用这种发展演化一般规律解释地球的历史、生物的历史，乃至人类的历史难题时，得出了许多令人惊奇的、新颖的和可信的解释，这些解释是以往常规科学所不可能给出的。这样，就带来对整个历史的重新理解和勾勒。也就是说，复杂性研究进入了考古、历史等领域中了。

复杂性系统研究也开始以新的证据、从新的角度来反驳以往的人类价值中心论，给人、自然生态一个合理的解释和定位，开始注重信息生态文明，而不是机械工业文明，并且，对待自然的态度发生了巨大的改变，“可持续性”“多元化”和“边缘稳定性”等成为关键词。这一方面得益于系统进化（演化）论的发展。拉兹洛在这方面表现积极，他一直在努力寻求这种价值定位；而美国圣菲研究所的研究成果，即对“混沌边缘秩序”的认识也为这种价值观的建设提供了可靠的证据。对价值的重新认识和定位带来的将是伦理规范，乃至文明根基层面的新建设。简言之，复杂性哲学思想已经形成，它已经对人文社会科学的发展造成了明显的影响，这种影响必将更为广泛和深远。

复杂性科学视野开阔，具有跨学科、跨文化、跨逻辑的高度综合特性。其中跨文化是指复杂性科学可以沟通所谓的“两种文化”以及古今中外的文化或思想，成为它们联结的桥梁。跨逻辑则是指复杂性科学可以把看似矛盾或在常规情况下无法相容的方面整合到一起，形成一种跨越普通逻辑的现象，为复杂性科学所珍视的“整体观”和“互补原理”突破简单性逻辑的限囿提供支持。复杂性科学的综合特性来自它将关系或联系本身作为基本的概念，并且它始终试图把握的是整体而不是部分（掌握部分曾经是经典科学力主之事，是基于一种还原论的形而上学信仰）。理论物理学家盖尔曼对复杂性科学的综合趋势有着很好的认识，他的科普名著《夸克与美洲豹：简单性和复杂性的奇遇》的写作目的就是向人们指出和评价这种综合趋势：“这种综合趋势在我们研究周围的简单性和复杂性时经常出现。研究已经表明，物理学、生物学、行为科学，甚至艺术学和人类学，都可以用一种新的途径将它们联系到一起。有些事实和想法初看起来彼此风马牛不相及，但新的方法却很容易使它们发生关联。”盖尔曼是美国圣菲研究所的有力支持者之一，该研究中心以复杂性适应系统为其主要研究对象。这段话表明他对复杂性科学的跨学科、跨文化、跨自然科学和人文学科的综合特性有着清晰的认识。

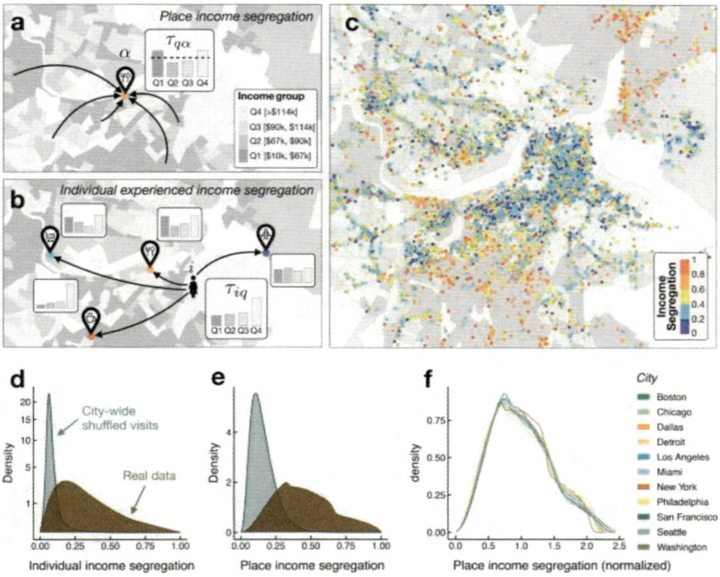

图 1-2 地方和个人收入隔离（论文选取）

图 1-3 2021 年诺贝尔物理学奖获得者

将复杂性研究运用到人文社会科学不同的领域，目前取得了较为显著的研究成果，下面我们举几个较为典型案例。

例 1，项目研究美国大城市流动模式与收入分离的关系问题。在传统理解上，对城市收入分离的研究主要基于静态的粗粒度居住模式。研究人员使用美国 11 个大城市的约 450 万手机用户和约 110 万个地方大规模高分辨率移动数据集，表明即使在空间接近的情况下，地方和个人所经历的收入分离也可能有很大差异。为了进一步了解这些细粒度的收入分离模式，他们引入了众所周知的流动模型的谢林模型。通过复杂性理论的支撑，并通过分层技术以及数据集的比较，他们的研究结果表明不仅仅是居住模式，流动行为在个人经历的收入分离中也起着重要作用，具体如图 1–2 所示。

例 2，2021 年诺贝尔物理学奖授予复杂系统研究的先锋真锅淑郎 (Syukuro Manabe)、克劳斯 · 哈塞尔曼 (Klaus Hasselmann) 和乔治 · 帕里西 (Giorgio Parisi)，以表彰他们在复杂物理系统中所做出的开创性贡献（见图 1–3)，奖金为 1000 万瑞典克朗。奖金的一半授予帕里西，另一半由真锅淑郎和哈塞尔曼分享。诺贝尔物理学奖委员会表彰帕里西，因为他发现了从原子到行星尺度的物理系统中无序和波动的相互作用；表彰真锅淑郎和哈塞尔曼通过构建模拟地球气候的物理模式，量化气候可变性并可靠地预估全球变暖。2021年度诺贝尔奖的一个非常亮眼的关注点是：跨界跨域的复杂系统研究，将生理学或医学、物理学和经济学的获奖领域和成就结合起来进行跨学科交叉的联想考虑，也是对复杂性科学研究成果本身的印证和有效应用，由此对人文社会科学带来非常有价值的启示，引发深层思考。

1.2 设计学之复杂性研究的可能性

1.2.1 复杂性永远和我们相伴

整个宇宙是具有复杂性的，这种复杂性表现在宇宙中的所有单位（各个层次的）都趋向于相互作用，这种相互间的作用趋于不断变化、组合，最终会产生一些无法预料或预测的功能、性质。专家学者经常提到“有组织的复杂性”，便是基于这种认识。世界的多样性、复杂性也可以被认为是无限性。当然不仅仅是帕斯卡意义上的无限性，即朝向宏观和微观两个不同方向上的静止的无限性，而且是具有时间方向上的无限性——这种无限性体现在“有组织的复杂性”不断发展而产生的新颖结构和功能性质。维尔顿早在1987年就声称：“有组织的复杂性，是行星地球上的生命、自由和新颖之源。”[①]

①西利亚斯．复杂性与后现代主义：理解复杂系统［M］．曾国屏，译．上海：上海科技教育出版社，2006：176.

就目前的认识而言，每一个生物个体的出现都以先前已经发展出的结构模式为基础，这种结构模式作为信息从上一代转移摹写到下一代，成为其存在和发展的基础。这种结构模式的产生本身是自然复杂性发展的一个阶段或一个方面。现代生物学将其称为“基因型”。“基因型”包括生物学意义上和社会学意义上两个方面的内容。生物学意义上的结构模式通过物理、化学的作用得以形成，并能够在亲代之间传递，其功能在于保证个体按照规定的目标实现正常的生理发展。社会本身作为一个整体的存在和发展也需要有序的结构模式。

与“基因型”相对的是“表现型”，即生物个体通过遗传获得的结构模式在现实世界中汲取养料而实现其个体发展的具体形式。这一个体总是处在一定的自然环境之中，并与环境一刻不停地交换着其赖以生存的物质、能量和信息。因此它被系统论称为“开放系统”，具有“自维生”的能力。控制论认为系统的生存是通过信息反馈来调控行为或消除误差，以实现或维持某种目标，从而达到“稳态”。以普利高津为代表的学者则将这种生物开放系统置于更为开阔的物理、化学维度来考察，通过揭示非平衡态的自组织特性，逐步认识到生物系统是一种远离平衡态的“耗散结构”，即生物体是以消耗能量为代价来维持自身组织性的非平衡开放系统，它以吸收环境中的“负熵”或“低熵”而向环境转移“熵增”为手段来维持组织整体的存在。

总之，人是自然复杂性发展的产物，可以说人就是复杂性的化身，人的机体、意识、语言也都是复杂性发展的产物。人的机体是一个开放的复杂适应系统，它时刻要与环境交换物质、能量和信息，是一个自维生的耗散结构①，它与无序做着生死搏斗。其中，人的大脑是一个复杂适应系统，这个系统通过其内部的神经网络的自组织，以及突触间的联结变化实现权重调节，应对外界的刺激或给予的信息，从而具有学习和记忆的功能。人类的意识活动是大脑这种自组织的整体功能，一切人类的高级活动都必须以此为基础。人类社会也是一个复杂适应系统，这个系统为维持其稳定而发展其特殊的通信活动，语言便是这个系统借以实现系统自稳或自组织功能的一种通信事实。这种社会系统通过改善和发展各种通信技术，其复杂性正在增加。各种文化事实都是社会这一复杂性适应系统的整体功能性质的突现，它们既是“有组织的复杂性”的产物，也是“有组织的复杂性”之母。

毋庸置疑，复杂性具有普遍性和恒在性，复杂性永远与我们相伴随。因此，

①普利高津.从存在到演化［M］.沈小峰，曾庆宏，严士健，等译.北京：北京大学出版社，2007：序.

我们必须去认识、接受复杂性，并学会与之协调，使我们在复杂性不断增加的环境中能够与之同步以求得生存或更好地生活。

1.2.2 复杂的设计学

当一个系统成为复杂适应系统时，在其发展过程中可以产生一些“小生境”，这种小生境允许能够适应它的作用者生存于其间，并且作用者又可以开辟更多的小生境。科学是一种复杂适应系统，因此它也就会允许很多“作用者”生存于它的小生境之中。因为设计学是科学的“成员”，所以它便是科学这一系统中的一个作用者。这个作用者利用科学中的小生境维持自己的存在，这个维持的过程必须以适应这个小生境为前提，要随时准备迎接环境变化带来的挑战。在这一适应的过程中，设计学这一作用者为应对科学系统的复杂性而创造了自身的复杂性。

当一个复杂系统受到扰动，会由于某种放大机制而使系统产生宏观上的涨落变化，系统的某些部分由于相互间紧密的作用而受到影响或制约。同理，科学如果作为复杂系统，由于需要适应环境而在整体上发生了巨涨落，那么其成员一定会受到影响和冲击，成员必须回应和适应这种影响或冲击。复杂性科学的兴起和壮大便是科学系统适应环境而发生的巨涨落，在这一涨落中，设计学作为系统的组成部分受缚于各种无法忽视的作用者，而必然受到复杂性科学的影响而与之通信或接收其信息。

在以上两方面的意义上，设计学都必须进行复杂性的研究。一方面，是因为它要适应科学乃至其他环境而不可避免产生了复杂性，需要人们来理解这种复杂性。另一方面，复杂性科学作为作用者被科学系统的非线性动力结构组织起来，与所有的组成部分进行了通信。这种通信行为必然会对包括设计学在内的所有科学系统的作用者产生影响。因此，复杂性科学对设计学的渗透无法避免，也就是说，对设计学复杂性的研究势在必行。

毋庸置疑，无论是设计学的适应性复杂化，还是设计学中复杂性科学信息的渗透，都使得对设计学复杂性的研究成为必要。

1.3 新的综合带来新的联盟

复杂性科学给了人们重新认识世界的机会。它至少给了人们这样几个具有深远影响的认识：首先，世界从来就不是简单的，人们只是为了方便而将其简化；其次，世界的未来发展更加复杂化，为了更好地理解和实践，并适应环境，我们必须要理解复杂性的实质；最后，我们自身就包含复杂性，既是自然复杂性发展的一种产物，也是自然复杂性发展的一个新的起点，它本身是作为新的具有内在活动性的复杂发展的动力系统。

正是在这些认识的基础上，科学家开始着手进行宇宙和自然的复杂性研究，并且通过复杂性，开始设想前所未有的统一性，即在复杂性这一概念构架基础上把自然科学与人文社会科学统一起来。这一宏伟的设想在整体进化论中已有所反映，到贝塔朗菲从生物学出发构想一般系统论时，这种宏图伟愿便开始浮出水面。普利高津等学者对远离平衡态的研究达到了一种新的综合高度；而詹奇在自组织的原理上进行了更为宏大的宇宙学综合，并且他在《自组织的宇宙观》一书中表示，“本书的最终目标是要阐述一种深刻的人文主义”[①]。因此，复杂性科学大有作为，人文社会科学也将遇到一次发展的良机或正处于发展的大好时光。

人文社会科学是科学的一个部分，它不能脱离这个大环境。当它遇到困难的时候，或许不仅仅是自身内部的问题，而可能是整个科学的问题。因此，它必须把自身作为一个开放的系统来与外在的大环境进行物质、能量和信息的交换，只有这样，它才能保持自身的组织性和发展自身的组织性。

与数学、物理学、化学、天文学等“硬科学”相比，人文社会科学确实不那么出“硬性”的成果，但人文社会科学的复杂性是任何学科所无法比拟的。

---

①詹奇．自组织的宇宙观［M］．曾国屏，等译．北京：中国社会科学出版社，1992：前言．

正如文化哲学家恩斯特·卡西尔所言，“实际上，如果人文社会科学不从另外的方面获得意想不到的协助，是难以应付这场争斗的”。复杂性科学以其开放的胸襟可以成为人文社会科学前进道路上“攻关克敌”的盟友。因此，人文社会科学要努力接近它，成为它的朋友，相互促进形成新的联盟。

1.4 设计美学复杂性研究方法

从学科性质看，设计美学是理论与应用相结合的交叉学科，因此，其研究的方法也不能是单一的。

1. 系统分析与实证分析法

将设计美学作为系统来研究，确定系统的整体性目标和要素并进行分析，同时确定系统的层次目标，以及各层次之间相互的联系和影响。要注重搜集数据，力求对设计美学做出内在本质上的理论与价值的判断，为解决现实问题提供科学理论基础。

2. 综合比较与复杂性分析法

设计美学作为一门综合性学科，跨越了文、理多个学科，涉及了数学、物理学、材料学、机械学、工程学、电子学、经济学、色彩学、构成学、民俗学、伦理学等学科，所以它采用的方法也是交叉的。运用综合比较分析方法，对中西方有关设计的本质问题和设计思维的核心问题进行了比较和研究。设计美学是典型的开放复杂巨系统；同样，人、社会也是开放复杂巨系统。运用复杂性研究的方法，即从定性到定量的研究方法对设计美学进行研究是必要的。

3. 文献研究法

通过查阅相关文献对西方设计美学进行研究，并对中国古代设计美学思想进行归纳总结，借鉴现代科学新的研究成果，通过多种形式广泛搜集第一手资料，力争准确了解设计美学思想的本质和核心内容。

4. 跨学科研究法

设计美学本身就是开放复杂巨系统，强调复杂性、开放性、系统性、层次性。设计美学思想、设计思维研究、非线性思维研究都涉及多门学科，运用跨学科研究法可以使研究的视角更加多样化，内容更加系统化，结果更加科学化。

总之，任何人类活动都是社会化的活动，都直接受具体的社会文化智识环境的影响和制约。设计学作为学科，是科学的具体化或特殊化。承认这一点，也就必须进一步承认设计学有自己的不同程度的关联环境。首先是科学这一社会化的环境，这是其最直接的环境，它要受其恩惠，也要受其制约。其次是其他社会文化智识大环境，包括哲学、社会伦理道德、意识形态、各种宗教和非宗教的信仰，甚至于时代的趣味，这些都是时刻包围着它的，为它生存所必需的空气和土壤。所以，从宏观上讲，在设计学领域中进行复杂性研究，就是把设计学作为科学的学科置于时代的社会环境中来考察自身的优劣得失，并把握机会，充分吸收时代通过环境提供给它的有利于其生存和发展的养料。

在设计学中进行复杂性研究是一种探索和发现。探索者配备了复杂性科学研究提供的装备，满怀希望踏上征途，希望在迷雾重重的地方能够借助新的配置寻找到正确的前进方向或能够穿越的道路，从而可以把设计学带到充满“阳光雨露”的地方；更希望在前进的道路上有无人知晓的“奇花异草”——只要探索者具有足够的细心和耐心就能发现。如果这样的目标能够实现，那么，设计学复杂性研究就会向世人呈现灿烂迷人的景象。

第2章

设计美学的复杂性

复杂性科学视野开阔，具有跨学科、跨文化、跨逻辑的高度综合特性。理论物理学家盖尔曼对复杂性科学的综合趋势进行了阐述：“物理学、生物学、行为科学，甚至艺术和人类学，都可以用一种新的途径将它们联系在一起。”①

2.1 设计审美的日常性和日常设计的审美性

2.1.1 设计概念的泛化与迷误

“设计”一词最早见于《三国志·魏书·高贵乡公纪》：“赂遗吾左右人，令因吾服药，密行鸩毒，重相设计。”意大利美术史论家瓦萨利将设计与创造相对，称二者为“一切艺术”的父亲与母亲。有学者认为，“design”一词源自拉丁文。design 来自 15—16 世纪的法语中两个不同的词 dessein 和 dessin。设计使物质世界更具诱惑力，它不仅无时无刻地改变着世界的外观，而且逐渐影响人们对设计形式的期待。人类生活的现实一旦经过设计美的塑造，便会神奇地变换着世界的表象，其中包括对旧有视觉形式的消除与改变。因此，设计美的本质在于自由地追求物质外观的变化和释放艺术精神的审美，可以说，具有改变生活功能的设计活动从本质

①盖尔曼．夸克与美洲豹：简单性和复杂性的奇遇［M］．杨建邺，译．长沙：湖南科学技术出版社，1997：前言．

上反映出来的审美特性都带有精神游戏的性质。设计在美学上得到的反映就会最大限度地被精神因素所占据，并使设计美学的本体有更多的机会穿行在精神领域，最终通过艺术的表现凝聚为对自由的象征。

由于美在精神领域所得到的认可时时肩负着哲学的使命，为了达到精神上的自由度，一切物质表象的美都要在哲学的高度概括中才具有美学的意义。设计之美在人类的精神轨迹中永远体现出对生命自由的向往。“直接的现实性并非审美事实的要素。正如对象是否表现出‘生命的意味’，并不取决于它的物质实体是否真正具有生命。‘表现’在这里就是‘创造’，就是在对象上进行‘加工’。不过，这种加工的实践，是通过感觉来进行的，是自由意识通过感觉而‘进入’对象，并在对象中被主体所认识，而不一定是固有形式的实际改变。”追求自由是一切艺术表现的梦想，而对于梦想的视觉表达则成为艺术家对艺术形式的挖掘和探索的动力。从这一点出发，在设计艺术和绘画艺术之间找到一个共同的目标，即对精神美的自由追求。康定斯基指出：“在今天，我们还与外在自然保持着十分紧密的联系，不得不从中开掘我们所有的形式。现在所有的问题均在于我们如何去做，这就是说要看我们有多少自由使这些形式变形，我们有什么理由把颜色和它们联系在一起。”因此，将设计美看成艺术的、自由精神的象征，成为设计美学的重要命题。

这一命题在一般美学中虽然存在，然而区别明显。一般哲学美学始终遨游在纯粹的精神领域，所追问的是超越物质层面之上，并且合乎精神审美需要的问题，

左：图 2-1 建筑中的几何设计 1
中：图 2-2 建筑中的几何设计 2
右：图 2-3 品牌设计中的几何化设计

将问题的答案最终归结到自由的精神境界中；而设计美学不仅要追问美是什么，同时还必须解释物质为什么需要设计，设计为什么能够增强物质形态的审美度，怎样使物质形态达到人所喜爱的那种样子等问题。

现代著名抽象派画家蒙德里安的早期作品就是按照分割和单纯比率构成的，以直线为主要表现手段，有由水平线和垂直线组成的，也有由交叉倾斜线组成的。设计之美不仅为人们的感官带来轻松和愉悦，更是遵循着严格的设计准则。设计之美不仅带给人更多的美的享受，更重要的是以功能性为第一位，首先满足人们在功能上的需求 (见图 2-1、图 2-2、图 2-3)，不仅运用抽象几何化的设计手法，在带给我们轻松和愉悦的同时，也显示出其严肃的功能性。我们从造物的艺术效果中获得功能使用上的快慰时，我们的精神从本质上也获取了美的自由感。

2.1.2 设计审美判断的双向 (多向) 能动关系

设计美学在 20 世纪初期才出现，它是以机器为核心，进而成为机器生产体系，以及相应美学主张和美学理论支撑的时代产物。设计美学与历史延伸线上和其紧密相关的其他文化现象，尤其是不同民族、不同地域的文化体系及其相关学科形成的审美心理结构，构成打破时空局限、呈现多维性视域关系，具有复杂性特点的复杂系统。

就中国设计的审美文化而言，其早期文化中的审美思想在各种造物上的体现足以表明中国古代工艺美术设计的美学特征，这些独特的审美特征对于现代设计的发展仍然起到哲学和美学意义上的推动作用。宗白华在其《中国美学史中重要问题的初步探索》一文中曾经指出：“古代工匠喜欢把生机勃勃的动物形象用到艺术上去。这比起希腊来，就很不同。希腊建筑上的雕刻，多半用植物叶子构成花纹图案。中国古代雕刻却用龙、虎、鸟、蛇这一类生动的动物形象，至于植物花纹，要到唐代以后才逐渐兴盛起来……不但建筑内部的装饰，就是整个建筑形象，也着重表现一种动态。中国建筑特有的‘飞檐’，就是起这种作用。”他还指出：“古希腊人对于庙宇四周的自然风景似乎还没有发现。他们多半把建筑本身孤立起来欣赏。古代中国人就不同。他们总要通过建筑物，通过门窗，接触外面的大自然。”可以说这种诗中有画、画中有诗、以小见大的哲学美学思想在中国造物史上成为中华民族设计美学现象中独特的“思维语境”。

中国美学的文脉贯穿于子学、经学、玄学和理学这些理性思维和感性表现相融合的民族审美文化的心理结构之中。而源于中国设计美学指向的各种造物形式展

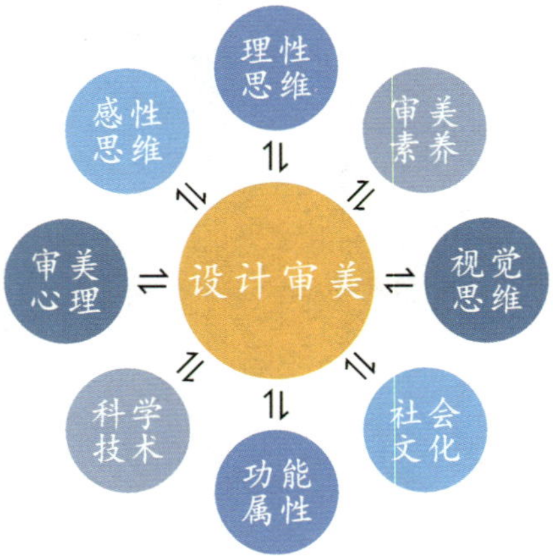

图 2-4 设计审美的双向互动关系图

现出美感现象和中国哲学美学在心理上的连接。因此，中国造物设计的美学宗旨一方面体现出装饰的律动性，另一方面还体现出智慧的空灵之美。

因此，理性对感性实行的审美判断在人类设计的轨迹中始终表现出双向互动的关系，设计作品本体的存在现象不仅反映出表象和深层结构之间的关系，而且还反映出它们共同的审美特征；其审美心理的参与反映出人的审美心理活动对造物创新的能动作用；社会文化的介入体现出科学合作的精神和美学观念及其思想潮流形成的可能性，并且使设计活动始终在创新氛围中作出现实的思考和行动；视觉思维的判断能够在设计作品中体现出一个人的审美素养，并运用美学原理对任何设计作品在视觉意义上作出合乎情理的审美判断；实际功能和审美功能的融合使设计作品在美学的最高境界中得到充分体现，并能看清其在科学技术发展的历程中不断得到完善的情形（见图 2-4)。

但工业化时代的设计美学重心被西方各国设计界置于功能主义的立场上，这就难免从某种程度上出现视域单一的反人性现状。历史已经证明，西方以机器为核心的美学指向使现代设计观念背离人的文化心理结构，过于强调物的功能价值而抹杀了人的心理情感。但是，事实上人的心理情感始终成为设计美学观念的内在基质。

图 2–5 外星人榨汁器

因此，人的心理情感更彻底地被激发，使设计中人性化审美情感具有了丰富性。

关于这一点，当代西方设计师和美学家们已经作出反思，并将人类文化的可持续性发展放到了重要的议事日程上，反映出人类审美心理的健全发展在科学日益发达的今天须受到应有的尊重和保护。

外星人榨汁器的造型像一艘正要升空的外星人飞船，见图 2–5。我们怎么看都不会把它和厨房联系在一起。菲利普·斯塔克是少数几个能将艺术融入产品以满足人们精神需求的设计大师，他证明了外形和精神需求也可以比实用性更重要。

1954 年推出的蝴蝶凳是柳宗理最著名的设计作品之一。它由两片弯曲定型的纤维板，通过一个轴心，反向对称连接在一起，造型像一只扇动翅膀的蝴蝶。这把椅子使用的胶合板是由几片单板黏合，再热压成形。两片弯曲定型的纤维板在背部用螺丝锁紧，最后用一根铜棒连接并固定椅脚，结构相当简单。蝴蝶椅造型优美，像一只在扇动翅膀的蝴蝶，隐约也可以见到日本传统建筑构造的影子。依托于现代制造工艺，一把椅子不仅要在功能上满足人的需要，更要从内心满足人的心理需求，蝴蝶椅就是融合了地域的美学意蕴及现代的简约舒适于一身，其经典得益于此，见

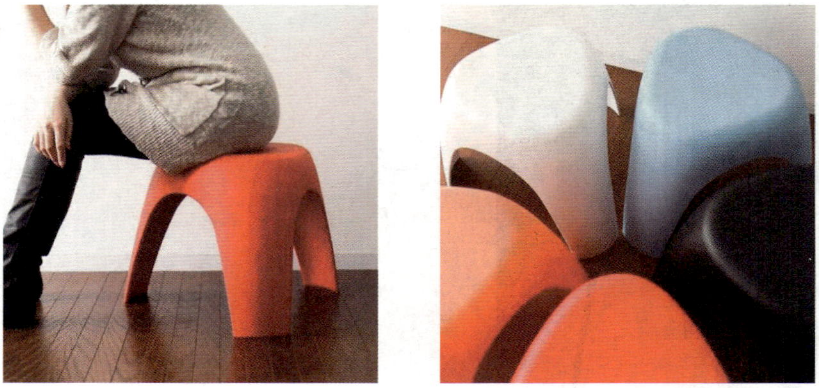

左：图 2-6 蝴蝶椅 柳宗理
中、右：图 2-7 象椅 柳宗理

图2-6。象椅是柳宗理另一经典之作，亦于1954年设计，当时采取FRP材质亮面处理，简约又具有优雅曲面的漂亮外观，集结了理性与感性，兼具了东西方各自的美学特质，亦为经典，见图 2-7。

2.1.3 消费社会视域下审美日常性问题的研究

20 世纪 60 年代，由于物质上的极大丰富，社会的重心由原来的物质生产转向物质消费，“消费社会”由此诞生。“消费社会”是鲍德里亚以消费为视角和切入点，研究和批判当代社会的一种批判性的理论，当时在学界引起了不小的反响，让“美学回到现实生活”的呼声越来越高涨。美学研究的核心不仅仅只是技术性的转向，更意味着美学精神与实践方式的本体论的转向。当代美学的审美泛化是“日常生活审美化”和“审美日常生活化”双向运动的结果。

在当代哲学中，“日常生活”受到前所未有的高度重视。真正将“日常生活”的问题提到哲学高度的则是德国的现象学学派。胡塞尔主张哲学应该关注“生活世界”的问题。维特根斯坦提出通过改变人类生活方式以解决生活、经济危机。列斐伏尔认为问题要从“日常生活”中寻找根源、寻找答案，反对西方传统哲学中对人“日常生活”的忽视。当代哲学对“日常生活”的重视正是文化的自觉性的鲜明表现。

而在“日常生活”经验中，文化意识与审美的内在相通性，使日常生活经验呈现为审美经验，广泛渗透于“日常生活”中，这正是当代哲学研究中审美文化的重要转向。日常生活审美化是西方学者在分析后消费社会与后现代文化时的一种命名，它特指在消费社会与后现代文化语境中出现的独特文化景观。费瑟斯通认为日常生活审美化一方面消解了艺术与日常生活的界限，将生活作为艺术作品来进行谋划和创造；另一方面，艺术作品、审美意识可作为我们日常生活的符号和影像①。韦尔施亦将现象与消费方式的变化联系起来，认为审美渗透在现实的每一个角落，现实被看作是一种审美的建构物②。在韦尔施看来，消费者购买商品的过程，其本质并不在于获得商品，他们更多关注的是通过商品所带来的新的具有审美方式的生活体验③。

费瑟斯通在《消费文化与后现代主义》中详细探讨了现代西方社会日常生活审美化的问题。他首先明确，后现代主义和消费文化是日常生活审美化的理论起源

①费瑟斯通．消费文化与后现代主义［M］．刘精明，译．南京：译林出版社，2000：95-105.

②韦尔施．重构美学［M］．陆扬，张岩冰，译．上海：上海译文出版社，2002：4.

③韦尔施．重构美学［M］．陆扬，张岩冰，译．上海：上海译文出版社，2002：164.

图 2-8 荷兰 UXUS 工作室的空间设计作品

和时代背景。他发现，假如我们考察后现代主义的种种定义，不难发现，其中一个侧重点是，艺术与日常生活、高雅艺术与大众文化之间的边界不复存在，五花八门大杂烩式的文字游戏、符号游戏泛滥成灾。他认为这是后现代主义大行其道的结果。而后现代主义的特征不是别的，即是鼓吹平等、破除科学等级、笼统拒绝文化分类，并且反对存在任何基本信念。如此作为日常生活审美化理论渊源的后现代主义，在费瑟斯通看来，早在 19 世纪中期波德莱尔生活的时代就已初见端倪了。它的背景便是巴黎这个声色犬马、纸醉金迷之地，也是日后为一切时尚思慕者膜拜向往的现代都市原型。基于此，费瑟斯通比较系统地审视了日常生活审美化的三个维度。

其一，日常生活审美化是指一战以来产生的达达主义、先锋派和超现实主义运动等艺术类亚文化。费瑟斯通认为，这些艺术类亚文化的兴起，一方面消解了艺术作品的神圣性，造成经典高雅文化艺术的衰落；另一方面，进而消解了艺术类与日常生活之间的界限，导致艺术可以出现在任何地方、任何事物上。日常生活审美化首先表现为城市建筑的规划越来越精致，新型购物商场及娱乐中心层出不穷，人们的休闲及娱乐活动大量增加，城市变成了由琳琅满目的商品与五彩缤纷的装饰组成的存在，如图 2-8 所示，为荷兰 UXUS 工作室的空间设计作品。对此，鲍德里亚认为“杂货店可以变成整个一座城市……艺术和娱乐与日常生活混而为一”。消费欲望刺激了人们对物质对象感性外观的追求，日常生活空间内审美的元素不断增加，从而促使物质世界审美化。

其二，费瑟斯通指出，日常生活审美化同时是指生活向艺术作品的转化。人们的身体、服饰、器皿、住宅空间等无不充满了审美的要求，体现了审美元素向日常生活渗透的特点。后现代文化语境下的这种日常生活审美化在深层次上体现为：在技术媒介的作用下，艺术生产与现实建构过程的日趋一致性，其本身带有浓重的物质化、感性化的特征。因而，日常生活审美化与以审美的眼光看日常生活及人生艺术化等观点是有着本质区别的，后者更多地体现了人对物质欲求的超脱，使人生向审美化、非功利性转换；而日常生活审美化则更多受商业社会的消费原则驱动。

其三，日常生活审美化是当代社会日常生活中的符号和图像泛滥。特别是随着消费社会的发展以及互联网等全球化大众媒介的扩张，我们的日常生活环境越来越影像化、图像化、符号化，社会现实在这样的"反射"中已经沦为非现实的幻化的空间。因此，费瑟斯通也指出："消费社会绝不能仅仅被视为释放着某种一统天下的物质主义，因为它同样向人们展示述说着欲望的梦幻图像，将审美化趋向现实化。鲍德里亚和詹姆逊正是抓住了这一方面，强调了图像在消费社会中担当的新中心角色，而使文化有了史无前例的重要性。"[①]

---

①费瑟斯通．消费文化与后现代主义［M］．刘精明，译．南京：译林出版社，2000：73.

日常生活审美化和审美日常生活化二者之间的关系如同一个硬币的两面一样，紧密地结合在一起。日常生活审美化更多关注美学，以及日常生活中美学的现实性问题；审美日常生活化更关注审美方式，在日常生活中审美方式转向于现实生活，解决现实问题，力图消解日常生活与艺术之间的差距，使其完美融合。韦尔施认为审美泛化具有四个渐进的层次，分别是日常生活表层的审美化层次、客观世界现实的审美化层次、生活实践态度和道德方面的审美化层次、彼此关联的认识论的审美化层次。因为，日常生活审美化总是伴随着现代消费文化的兴起和社会全面性整合才能得以实现，让日常生活审美化真正能够成为社会存在方式的一种体验要经过漫长的过程。

消费时代审美观念的变化带来艺术对大众化、世俗化的转向。全球化时代的到来引起的消费意识形态的扩展，乃至消费文化艺术的出现已成为当今艺术发展的商业文化特征。艺术进入了消费时代这一特殊的文化语境，并深受其影响与制约。后现代社会是一个消费社会，审美观念和艺术进入了一个被泛化的过程，并日益蔓延渗透在社会各个领域以及日常生活的各个方面。消费艺术这一观念的产生意味着商业社会在当今日常生活中具有核心地位。由于消费主义成为当今社会整体的文化语境，由此导致艺术发展的深刻变化。

图 2–9 “嗨食客”品牌设计

消费时代将人的欲望消费推向极端，同时把精神消费物质化。消费时代的到来改变了人们的生活方式和艺术审美方式，艺术正经历着从作品到商品的变异过程，传统的创作立场和美学原则正在遭遇市场经济社会的冷漠。某些艺术家不甘被冷落，纷纷放弃艺术的原有立场，为追逐商业青睐而丧失艺术创作的内敛与自律，制作出大量可被消费的媚俗艺术作品。市场化、消费化、商品化的社会影响导致当下某些艺术作品的浮躁和世俗，大众传媒下的世俗艺术占领了一些本属于纯粹艺术的生存空间。

由于消费时代代表了一种特殊的文化语境，因此不断涌现出大量新的艺术观念与现象，如观念艺术、行为艺术、装置艺术、环境艺术等，这些新的艺术形态要求艺术回归到日常生活本身。实现日常生活审美化，要采取一种实用主义的态度，围绕着塑造审美的主体这一核心，并要求在艺术表现、方法、观念、实施上不拘一格，综合一切有助于实现感性与理性和谐完美的生存意念，使人类逐渐地走向自由审美的生活。“嗨食客”品牌设计就体现了这一意图，如图 2–9 所示。

2.2 复杂性是设计的基本特征

设计作为系统，处于一种错综复杂的环境之中，它直接栖身的环境是由人文社会科学、自然科学等系统构成的一个等级系统。在这一等级系统中，它与每一层面的子系统都有着或这或那的相互作用关系。

在科学的层面，设计学处于人文社会科学之内，但却与自然科学不断发生关联，有着相互作用和吞吐，从而在科学内部促进人文社会科学与自然科学之间的交流或相互作用。当代影视艺术、动漫产业以及工业设计的迅猛发展，是科学技术与艺术密切联系的结果，正是这种现实促进了自然科学与人文社会科学的联系，同时也需要自然科学与人文社会科学的相互作用以促进科学技术与艺术的密切联系和联合发展。设计学就是在这种交互作用之中发挥着积极的、不可替代的沟通、指引作用。

在人类文化系统层面上，设计学起到广泛联系的作用。一方面，设计学是科学面向艺术的窗口，沟通着科学与艺术；另一方面，它与哲学美学由于面向同一目标而保持着紧密的关系，并存在事实的竞争关系，因此，它又通过艺术而与美学有了密切的关联，在这一意义上，它将科学与哲学带到了一个相互竞争的游戏场所。由于设计学涉及人类的方方面面，因此通过这种通信活动，它将科学与文化系统中的其他成员进行了广泛联系，促进了人类文化系统内各组成部分之间的相互作用。

从历史上看，设计学本身脱胎于哲学美学，与哲学美学有直接或间接的渊源关系，又由于都指向同一目标或与同一系统耦合，因此，它们之间又有合作与竞争的关系。设计学作为科学的目标定向活动系统，其所指向和需要紧密耦合的系统也是其环境之一，这一环境是它的组织性最为根本的来源。可以说没有人类设计实践活动系统这一环境，哲学再思辨，科学再昌明，都不可能产生设计美学和设计学这样的学问。

2.2.1 设计问题产生与发展的复杂性表现

设计问题从其产生和发展上来看，都不具有单一性，更多具有开放性、适应性、复杂性、非线性等特征。

《礼记·乐记》提出："凡音之起，由人心生也，人心之动，物使之然也。感于物而动，故形于声。"《周易》相传最初来自伏羲观天象画八卦，其中爻卦的玄机均来自对自然与生活现象的提炼，正所谓"象天法地"。卦的演变过程实质上可以简单归纳为：由"象"得出"画"，由"画"组成"数"，由"象""数"而成"文"，由"文"而揭万物。其中，"画"对应元素，"数"对应模数，"象"对应整体，元素、模数和整体的三分法为认知体系提供了从上至下和由下而上的两种方法。由此看来，中国式设计的形态基础是"意""象"的相互作用。中国传统设计作品格外强调"意境"的传达：以"意境"为主体，以"物境"为客体，用形式的多样与装饰的简繁旁敲侧击地暗示某种思想或状态的传达。"师法自然→人心意会→物境再造"的过程体系体现了中国传统设计美学的嬗变与回归，同时也是非线性科学意识与传统创造性思维在形而上学中的共同演绎。

左：图 2-10 查尔斯·沃赛设计的座钟
右：图 2-11 弗兰克·劳埃德·赖特设计的椅子

欧几里得几何学的提出是人类科学史和哲学史上的重大突破，这种萃取自然物质属性的做法对工业化时代提倡简洁设计的流派产生了深远的影响。纯粹出于理性与客观的设计理念对传统工艺美术提出了挑战。19 世纪 50 年代在英国出现的工艺美术运动就带有浪漫艺术情怀，矛头直指机械化生产，表现出设计的适应性与复杂性特征。英国工艺美术运动家居设计领域主要人物查尔斯·沃赛受莫里斯影响，其设计没有无道理的崇古之风，而是比较简单朴实，易于批量化工业生产，更接近工艺美术运动服务大众的精神实质。他继承了莫里斯的风格，达到相对完美的高度，其作品是英国工艺美术运动全盛时期的代表。除此之外，弗兰克·劳埃德·赖特在这个时期的家具设计中注重横纵线条造成的装饰效果，不拘于细节，有中国明代家具的特征。具体如图 2-10、图 2-11 所示。

工业化时代的技术发展虽然是立足于战后城市的复苏，但是当发展过程进行到较为完善的程度时，传统的产品设计与制作工艺已经处于边缘状态之中。许多艺术家在面对机械化生产时表现出了极大的厌恶情绪，并激进地为传统工艺平反。变化的科学技术与不变的美学追求支撑着过去设计潮流的更迭，也造就了这种思潮反复的现象。

在非线性理论成熟以前，人们已经意识到了这样的事实：在生活的宇宙中，几乎所有系统在本质上都是非线性的。在此认知基础上，非线性思维方式成为探索自然以及人类生存方式的重要思维途径。

受复杂性科学的影响，作为每次设计思潮的先锋——建筑学领域，也较早出现了以非线性思维为特征的复杂性设计理念。从1999年的“建筑学的未来”，到2004年的“变异”，到2006年的“超城市”，再到2008年的“超越房屋的建筑”“传播建筑”，世界建筑界讨论的主题深刻地反映了当今时代设计的变化、发展和未来，运用新科学进行建筑探索的理论性主题展览也层出不穷。可以说，随着建筑学的发展，现阶段的设计研究已经从早期现代主义时期对空间、形态、构造方法的研究，进而成为一种从科学中获得启发，借鉴相关的科学理论、成果和方法，对信息时代受复杂性系统科学的影响而产生的，以非线性哲学作为思想依据、以计算机作为辅助设计工具的，试图通过建筑复杂多元与变幻莫测的直观形态和丰富空间体验来模拟与还原现实世界的复杂性设计研究。彼得·埃森曼以建筑学形式语言敏锐地回应时代的巨变，弗兰克·盖里走向了建立在数字化生产和个人风格之上的构造美学，格雷格·林恩用计算机工具作为方法生成新型的空间，库哈斯试图将建筑学部分地定位于更广泛的城市社会系统，扎哈·哈迪德执着于如流体般动态塑形的形态，赫

图 2-12 迪士尼音乐厅 弗兰克·盖里

尔佐格和德梅隆将媒体消费的概念引入建筑表面而产生非物质化的信息建筑……这些都让我们看到了这样的一种趋势，即信息时代背景下，设计师正在开始探索当代复杂性科学概念下的复杂性设计、数字化设计以及未来设计发展的可能性。而这种可能性，则是以非线性思维为特征，以数字化技术运用为物质基础，以向我们展现现实世界的复杂性为设计目的的设计观。弗兰克·盖里设计的迪士尼音乐厅就体现了这一点（见图 2-12）。

2.2.2 设计过程的复杂性表现

设计过程的复杂性体现了功能需求不确定性的程度。设计过程的复杂性是由系统的信息含量表征的。在给定的精度或公差范围内，确定满足功能需求的设计参数后，系统实现功能需求的概率更能够表现出系统的复杂性。

在康德美学中，目的与目的性等概念都有其特定的规定。什么是目的呢？康德给出了自己的确切的表征，他说："一个关于对象的概念在它同时包含着这个对象的现实性的基础时叫作目的。"康德把目的分为内在目的与外在目的两种。外在目的指一个事物的存在是为了它物，是一个事物对另一个事物的适应性。在这里，康德所谓的"目的"是一种"内在目的"，是指在一个事物的概念（本质）中包含着它自己的内在可能性的根据，也就是说，一个事物的形成与发展不取决于任何外在的因素，而是有赖于其内在必然性。

康德认为，一个物体和诸物的只是按照目的而可能具有的品质相一致时，叫作该物的形式的合目的性。在康德看来，在自然界的多样性中，存在着“自然的合目的性”。自然的合目的性可分为形式的合目的性和质料的合目的性。显而易见，作为审美判断之原理的合目的性原理，是指形式的合目的性。康德认为形式的合目的性是关于自然的合目的性的美学表象。

从系统科学的角度来讲，设计一方面是以人的意志为支配，另一方面又受到客观物质性的制约，从构想到行为，再到最终的产物，人的意志不仅作为设计的灵魂，而且作为必要的条件，使精神与物质合一，作为线索贯穿设计的全程。因此，设计学合目的性具有双重性质，即设计追求精神上的愉悦之美，设计追求实用功能上的最佳效应。

设计在精神上表现出来的合目的性是借助物质形态作为精神目的性的有效表现载体，精神所向往的美的形式只有通过物质形态才能有效地从视觉上得到表现。当精神需求试图寻找与之相伴的物质形态进行审美表现时，主观精神的合目的性在审美活动中被实用意义上的合目的性所同化。

左：图 2–13 法国拉斯科洞窟壁画 1
右：图 2–14 法国拉斯科洞窟壁画 2

精神和物质并不是孤立存在的，原始人借助绘画媒介表达对生活的物质性愿望，一切设计都是从物质的行为目的开始的。那些最简单的“设计”中蕴含着最明确的目的性，反之，最简陋的“设计”也充满着最真实、最朴素的创造性意图。

1940 年，法国多尔多涅省一个乡村的几个儿童带着狗在追赶野兔，突然野兔不见了，紧追的狗也不见了，孩子们这才发现野兔和狗跑进一个山洞。他们带着手电筒和绳索也进入洞里，结果发现一个原始人绘制的庞大画廊，这就是同阿尔塔米拉洞窟壁画齐名的拉斯科洞窟壁画，被誉为“史前的卢浮宫”，已被联合国教科文组织列为世界文化遗产。这里因石灰岩缝隙水流的浸透，在地质年代的第三纪形成大型的岩洞。它由一条长长的、宽狭不等的通道组成，里面装饰着大约 1500 幅岩刻和 600 幅绘画，有红、黄、棕和黑等多种颜色。拉斯科洞窟壁画给人的印象是线条粗犷、气势磅礴、动感强烈 (见图 2–13、图 2–14)。

在现代设计中，物质已经超出自身原有的范围，具有审美性和实用性的双重特性。设计的目的是为了更好地使用，设计的审美化表达必须在不违背使用目的的前提下才有实际意义。因此，当代设计美学正是遵循这一原则，使得所有处于设计物表象的审美功能始终贯穿在实用功能的层面上。虽然在设计的初期，设计的主要内容是以实用设计为最基本的目的，但是由实用所引起的愉悦感便是人的心理活动由善转化为美的过程表现。因此，“用”与“美”的逻辑联系在原始社会时期表现为一种朴素的真理，人类虽然只是在做简单的设计，但原始社会时期的设计中就已拥有人类朴素的设计之美。

强调设计美的合目的性本身属于理性要求。从设计美学的立场上看，它是理性对感性功能控制的表现。以建筑为例，建造目的大致有四个层面的需要。首先，建筑是物理、身体的。建筑首先应该满足人的身体（基本姿势或动作）的安全容纳需要，以保护人的生命为基本前提。其次，建筑是生理、感官的。建筑要满足生理感官基本的舒适需要，如冬不严寒、夏不酷热，冰冷雨滴不打在身上。再次，建筑是行为、活动的。建筑要满足人特定行为活动的使用需要，如家庭生活、会议、祭拜。最后，建筑是心理、精神的。建筑满足个体或群体的心理审美、精神等需要，乃至人群的社会、文化等需要。同时，建筑形式就字面而言，其意思类同于形状、形体，比较中性地描述作为建造结果（建筑物）的可见存在。但在专业语境中，形式是指具有审美、心理、精神等组织关系的各可见要素的部分或整体。它主要不是指仅仅放在一起的形状、形体，也主要不是指相互间的几何（平行、垂直等）关系……因而建筑形式是指建筑上按人们的审美等概念的关系组织起来的各形状、形体，具有感性与非理性的特征。

德国包豪斯时期的设计将理性设计表达得淋漓尽致，它使现代设计逐步由理性主义走向现实主义，即用理性的、科学的思想代替艺术上的自我表现和浪漫主义。除此之外，德国的系统设计也是理性设计的一个重大里程碑。系统设计完全没有任何装饰性，在装饰风格上是减少主义，但与密斯·凡德罗“少就是多”的理念完全不同，这种风格一直影响着德国的设计，无论是在平面设计、家具设计，还是在标志设计上。但发展至今，这种被人们认为缺少人情味的设计早已不是曾经冰冷、单一的格调了，而是融合了更多感性的一面，这使设计变得更加完善，在表达功能主义的同时，也体现了以人为本。比如现今正流行的北欧风格装饰，无论是家具设计，还是室内装饰设计，都大受人们的喜爱与追捧。它不仅降低了生活成本，而且最大限度地提高了功能性。瑞典的宜家家居就是典型例子，宜家的分店开遍世界各地，以它实惠的价格、简约的外表、实用的性能赢得了大批喜爱者的追捧。

英国是诸多杰出的帽子设计师的诞生地，菲利普·崔西就是其中最广为人知的大师之一。不论是在王室活动、皇家赛马会的现场，还是在时装周 T 台上或者秀场前排，总能遇到菲利普·崔西设计的帽子。精致的工艺、出色的想象力，让每一顶帽子都进入了“艺术品”的范畴。他的作品与当时西方流行的各种时装形态保持着高度的一致，同时也在现代帽饰设计形式频繁变换的整体环境中始终保持着自己

左：图 2–15 菲利普·崔西的帽子设计 1
右：图 2–16 菲利普·崔西的帽子设计 2

的执着，在强调艺术表现和形式视觉冲击力的氛围中坚持着自己的沉思。他的帽饰作品中蕴含的艺术韵味发人深思，如图 2–15、图 2–16 所示。

2.2.3 设计在审美描述上的复杂性表现

1.“网络联结”的设计系统

维特根斯坦曾经就“语言游戏”的错综复杂性提出了“家族相似”之说，即从经验上可观察到某一家族的成员之间并不具有从头到尾贯穿的相似性，而是具有错综复杂的相似性。例如，成员 A 与成员 B 之间具有某种相似性，而成员 B 又与成员 C 有别种相似性，但 A 与 C 不具有相似性，如此等等。设计门类之间的错综复杂的关系也被人理解为具有家族相似性。就家族相似模型保留了复杂的关系这一点而言，家族相似模型是很有价值的，颇具有说服力。但问题是，这一模型的理论融贯性和自洽性还存在问题。这一模型仅指出关系中的一种，即相似关系，而实际上，关系还有空间上的接近关系、时间上的接续关系，以及对比关系等。忽视了这些关系，就往往以偏概全，导致矛盾出现。并且，这一模型还是静态的，它无法处理动态的事实和变化的关系。

有一种网络联结模型[1]具有模拟错综复杂关系的功能，它是一种复杂适应系统模型，不但可以整合家族相似模型的功能，并且能够处理单元之间的动态变化关系。因此，可以用来作为设计系统的结构模型。

网络联结模型是根据人的大脑中的神经网络结构而发展起来的一种有效的复杂适应系统模型，被广泛用于人工智能系统的研究。神经网络通过物理、化学的作用感知外部环境的刺激或信息，并通过内部单元的自组织而实现适应性的学习和记忆，而网络联结模型就是建立在这种认识的基础上。该模型是根据唐纳德·赫布于1949年提出的神经元突触（一个神经元伸出的树突与其他神经元的轴突相“接触”）间的联结变化假设发展而来的。这一假设已经通过了实验的验证，成为神经生理学的一个重要原理。该原理认为突触之间并不完全接触，有一定的裂隙，当存在某种激发时，两个邻近的突触才建立起联结，这一联结随刺激频度变化而加强或减弱，甚至断开。突触又分激发和抑制两种，每一神经元可以有不同的态（或权重），这种特定的态通过突触之间的激活，总是可以与其他一些神经元相联系而形成同态的细胞集合体。

①西利亚斯．复杂性与后现代主义：理解复杂系统［M］．曾国屏，译．上海：上海科技教育出版社，2006：23-24.

由此看出，网络联结模型中包含错综复杂的关系，某一神经元细胞既可以是此态集合体中的成员，又可以是彼态集合体中的成员，但它不会是所有态集合体中的成员，也就是说，它总会与其他的一些单位处于对立或缺乏联系的情形中。但是“网络联结”又通过“局域联结”关系而使自身成为一个完整的系统，并且这个系统可以随时自动调整结构以应对环境的变化。

因此，当把设计子系统作为结点单位（当然也可以向下延伸到更小的单位层面）时，以“网络联结”为内部结构的设计系统就能够保留和处理内部错综复杂的关系，并在“局域联结”关系的基础上形成一个统一的、牢固的和动态的整体。举视觉传达设计为例来说，由于环境、视觉、建筑三种设计联系紧密，可成为某种同态联合体，而作为视觉传达设计系统的子系统（或次级系统）。单独来看，又可与戏剧、摄影、电影、电视等分别结成各种各样的同态联合体。因此，视觉传达设计在设计系统中实际上有多种联结、关系和态势。所以，它成为设计系统整体结构的一个重要的联结点和功能单位。

简言之，在通用概念“系统”以及“网络联结”模型的帮助下，艺术学可获得自身理论的融贯性和自洽性，并能展现出一个统一的知识图景。

2.“连体语境”的设计审美表述

用设计多维视域下的广阔视野描述这些本体以外相关学科产生的美学意义时，会意识到围绕设计美学这一主导性学科的学科之间的互渗关系。西方美学从 18 世纪 50 年代正式从哲学中独立出来，然而，美学倾向于感性与哲学崇尚于理性的本质差异并没有导致两者决然分离，恰恰相反，哲学的思辨使美学的感性描述充满了智慧，而美学的感性为哲学的理性思考提供了愉悦的源泉。设计美学也如此，它与相关学科之间的关联为自己赢得了审美描述的最佳背景，促进了审美感性敏锐度的滋生和发展。对设计美学的研究始终应放在学科互动的开放系统中。对当代设计以及那些原本不存在审美感知的相关学科实行连体的审美描述能够滋生设计美学折射下的“语境”之美。设计美学给连体方即非审美性质的对象带来的“福音”充满了美的光华。

设计美学视域内的丰富性构成了自身审美语境描述的丰富性。在设计领域由不同类型生成的设计结果成为设计美学描述的主要对象，因为这些被描述的审美对象属于设计美学体系中的核心内容。

设计美学既不同于纯粹的科学美学，也不同于人本主义美学。设计美学是既

左：图 2–17 水母模型 材料：玻璃
右：图 2–18 兰花模型 材料：玻璃

注重科学性，又注重人的本身，既注重线性，又注重非线性，既注重理性，又注重非理性，既注重逻辑思维，又注重感性认识，既注重整体性观念，又注重还原性分析，既注重古典美学传统，又注重现代美学特性的“集成”美学。

19 世纪下半叶到 20 世纪初的玻璃艺术家利奥波德 · 布拉施考与其儿子鲁道夫 · 布拉施考用玻璃创作海洋生物模型。当时，博物馆或教学科研机构需要直接收藏展示实体，但水生软体动物的保存太困难了。泡在酒精等防腐液中的生物体极易变形变色，既不美观，又有失准确。正因为如此，德累斯顿自然历史博物馆的馆长才想到了玻璃模型这种替代手段。布拉施考父子制作的玻璃生物模型，前期题材以海洋软体生物为主，包括海葵、水母、章鱼、乌贼、鱿鱼、蠕虫以及裸鳃动物等，后期基本是植物。布拉施考父子的玻璃设计作品中科学的因素成为实现艺术创造的有效手段，体现了艺术与科学的融合，见图 2–17、图 2–18。

以明式家具为代表的中国传统木质家具的核心价值，是包括结构和制作工艺两部分在内的榫卯结构体系，它们在家具制作中将木质特性发挥到了极致。中国古建筑以木材、砖瓦为主要建筑材料，以木构架结构为主要结构方式，由立柱、横梁、顺檩等主要构件建造而成，各个构件之间的结点以榫卯相吻合，构成富有弹性的框

图 2–19 明式圈椅

架。榫卯结构作为中国传统家具的精华，是中国最早具有科学设计意义的语言，这一古老的结构可以追溯到公元前 5000—前 3000 年，河姆渡地区先民们的住房多采用木结构干栏式，并运用榫卯技术。例如明式圈椅，除了榫卯结构精湛的工艺技术外，明式圈椅古朴典雅、简洁流畅、色泽优美，可以说是“清水出芙蓉，天然去雕饰”；充分利用木材本身的纹理与色泽，显示自然的材料美，符合中国人“师法自然”的审美情调；背板 S 形曲线的凹凸走势不仅符合人体工学的要求，而且体现了太极图中所蕴含的阴柔之美，亦有吉祥的寓意。具体如图 2–19 所示。

2.2.4 设计在心理学视域的复杂性表现

站在设计美学复杂性角度上阐述造物设计的审美心理语境是一个较为复杂的问题，因为人的心理活动属于变幻不定的隐蔽世界。然而，对设计美学审美语境的描述又处处离不开人的心理结构和心理评价的参与。因此，透过心理活动的复杂性和隐蔽性，运用心理学、美学的规律和方法进行分析、研究，就能了解各种设计活动对人的心理产生的影响以及由此构成的连体语境。

在一般情况下，纯粹心理学注重捕捉人的心理活动对非审美对象产生的认知结果，这种基于心理学规律形成的审美感知成为设计美学不可或缺的内在因素。那些原本属于心理学范畴的内容一旦与审美设计相结合便可进一步拓宽人们的审美视野，使人们深刻领略到设计美学与心理学连体状态下的审美语境。其中，构成审美心理语境的关键性条件在于将具有审美价值的设计作品放到特定而又合乎人的审美心理结构的“场景”中才会显现复杂性的特征。

如果用心理学去对这种引人注目的现象作出解释，那就是：第一，人知觉和抽象出来的某两种物体之间的相似性，并不是建立在这两件物体的细小部分的等同上，而是建立在它们本质结构特征的一致上；第二，一个未受损伤的健全心灵，能够根据一个特定事物的前后联系的规律在一瞬间自动地把握这个事物。

然而，美学(包括设计美学)与心理学的连体关系始终保持统一的对审美客体超越的姿态。它们并非像镜子对着真实世界所做的被动反映那样，而是用审美态度反映出审美者的情感与情绪。因此，基于人的心理内容形成的审美语境有时比客观真实的视觉形象还重要。苏珊·朗格指出：“某些人对于艺术——绘画、音乐、戏剧或其他艺术形式的欣赏是自发的和明确的，当他们被一种心理状态所吸引，并反映在对作品欣赏的态度上时，他们发现这种态度完全不同于对待一辆新的汽车、一只可爱的动物、一个明媚的早晨的态度。他们以一种不同的方式感觉到一种不同的情绪，因为艺术被看成一种特殊的‘经验’。对于那些没有达到一定精神高度，对艺术不持明确崇拜的审美态度的人是难以理解这种经验的。”设计美学在审美心理状态下的复杂性从某种意义上说就是在超越各种审美事物的基础上“达到一定精神高度”的审美经验的集中体现。当我们的心理指向注重“审美态度”和“特殊经验”时，由设计作品形成氛围的审美表象便随着人的心理情绪在春风得意中生成；反之，若是只对个别设计事物感兴趣，处于心理反应上的情感就难以唤醒超越客观事物的“审美经验”，进而难以领略到审美心理状态下的复杂性特征。

作为隐蔽层面的审美心理在设计美学中的职能始终属于愉悦的代名词。它要求设计活动必须建立在优越的心理背景上，才能获取良好的语境效应。在此，心理意义上的审美期待往往成为连体语境追求的目标所在。将设计美学置身于审美心理状态之下，一方面要靠心理力量的支撑与引导才会出现有序的语境系统；另一方面，在许多情况下，客观条件的配合能够赢得心理因素的认同而取得相应的和谐关系。

对于设计美学来说，建立在审美心理基础上的连体语境可充分借助人的“审美经验”的内在判断力对设计作品及其设计环境的视觉话语形式进行深度描述，并以此为契机使审美心理对设计美感产生能动的推进作用。此外，设计美学与心理学

图 2-20 卢浮宫博物馆的书店导视

意义上的连体语境可使无数差异性的审美描述从“审美态度”及其“特殊经验”的角度汇集到社会的审美机制中，形成一个和时代、社会相对稳定的审美标准。依靠这种标准，人的审美心理的期望可借助社会审美思潮最大限度地得到释放，说明设计美感的评价和判断必须在设计美学与审美心理的连体中才更为有效。例如，导视设计系统承载着信息传达和信息检索的功能，不仅要满足不同人群的诉求，同时要对空间、位置和内容进行认知、理解、使用，进而建立更加丰富、深层的思路、想象和交互关系的媒介。图 2-20 是卢浮宫博物馆的书店导视设计，书店位于卢浮宫内部走廊，是一个专门用于出售书籍和衍生品的新空间。还有一个商店提供博物馆收藏品和展览所衍生的各种各样的产品。珠宝、礼品、雕塑品、版画、文具和艺术品的复制品均在这个新空间的底层展出。一楼则是一个令人印象深刻的艺术书店，以及一个专门用于服务青年的空间。Undo Redo 设计工作室受邀为其进行导视系统设计。设计师没有使用纷繁复杂的颜色和工艺材料搭配，仅用极简黑白的设计方式，结合英、法、汉三种语言，简约中强调设计感，给人以现代感极强的视觉体验。导视系统与内部空间明亮的照明系统和安静的环境相互协调，形成清晰而强烈的空间个性。

2.2.5 设计在文化思想的复杂性表现

人类学研究表明，人与动物的根本差异就在于人的未特定化，因而人有超越自然的文化。哲学家深信，人不但生活在自然的世界中，也生活在符号的世界中。而符号是文化的一种，因此也可以说，人不但生活在自然的世界中，也生活在文化的世界中。

人在创造文化的同时又被文化所创造。于是，人既是文化的主体，又是文化的对象。人生存于社会，也就意味着人在文化中。这种复杂的依赖关系可以表述为“我在文化中，文化在我中”。

“文”同纹，甲骨文中，此字像纹理纵横交错。“文”是汉字的一个部首，本义同“纹”，纹理。《说文解字》称：“文，错画也。象交文。”《周易·系辞下》载“物相杂，故曰文”。今字作“纹”，即“交错的纹理”。“化”同变，本意为改易、生成、造化。《庄子·逍遥游》称：“化而为鸟，其名曰鹏。”《周易·系辞下》载：“男女构精，万物化生。”《黄帝内经·素问》曰：“化不可代，时不可违。”《礼记·中庸》载“可以赞天地之化育”。由此可知，化指事物形态或性质的改变，并由此引申为“改行迁善”之义。

“文化”一词在中国出现较迟，《周易》载：“观乎天文，以察时变；观乎人文，以化成天下。”这里的“天文”指天道自然规律，“人文”则指人伦社会规律，即生活中人与人之间纵横交错的关系，如君臣、父子、夫妇、兄弟、朋友等。在西方，“文化”一词起源于拉丁文中的动词 cultura，意思是神明崇拜，即通过人为的努力来改变或摆脱自然状态。18 世纪以后，在西方语言中 cultura 的含义逐渐演化为对人的性情的陶冶、品德的教养。

文化是一种传统，虽然并没有给出什么实质性的内容，但强调了一个事实，即文化的历史性和对当下的影响力。每一个人都是在或这或那的文化的滋养下成长起来的。伏尔泰作为文化哲学家、精神科学的倡导者，非常清楚文化对人的塑造作用以及传统对当下社会的影响和塑造的价值。

设计活动不仅是审美文化的重要组成部分，而且是理想造物形式在精神文化与物质文化中的集中体现，是设计领域建立审美标准最重要的语境参照对象。美国学者 P.K. 博克指出："审美判断比其他几乎所有的人类行为更能代表某一文化的特性。……艺术家利用这些技术创造完美和新颖的形式——这些形式表现文化理想，而这些理想又必须通过审美标准判断。"设计美学就是在特定的审美文化语境中择取审美判断标准，使具体的设计作品在美的话语环境中获取价值，或者说运用文化的力量使造物之美进入充满文化语境的审美判断之中。

设计美学涉及的文化不是孤立的存在状态，当各项设计活动处于审美判断时，文化的话语形式就会以其抽象的魅力被呈现出来，其中包括设计美学的"技术"在内。这主要在于"文化工业时代的一个显著特点是技术现象及其现实趋向已经构成人类生存的基本语境。而审美文化生产的技术性，便意味着技术力量已成为一种从根本上直接驾驭艺术形式和审美价值的叙事元素，技术手段、材料、方式不再是传统艺术语境中游离在艺术活动之外的某种无关艺术本体的存在，而是直接关涉艺术的最基本方面——艺术作为审美体验的一种结构性活动，总是同人的活动及其技术方式联系在一起”。

设计要发掘人的内在世界，要反映人的丰富多彩的生活，是不可能把人的风俗习惯、宗教信仰、神话传说等历史传统剥离干净之后还能够实现其目标的。不仅不能，设计恰恰是通过反映或表现人的这些传统的社会性内容而内蕴充实、外发光彩，使自身永远充满活力而不衰竭。当设计通过这些社会性内容而得到滋养发展时，社会文化也通过艺术得以流播传承，并且在这一过程中实现文化结构的调整，人因此获益匪浅。

虚实相生是中国美学思想的核心部分，而虚实又是含蓄的一种表现。宗白华先生认为虚、实、有、无是“一切构成的原理”，欣赏“于有限中见到无限，又于无限中见到有限”的“回旋往复的意趣”，而这所对应的恰恰是艺术创作的三个步骤：写实→传神→妙悟。宗白华先生强调画境是一种“灵的空间”，更侧重于虚，即空灵的美。抟虚为实，使虚的空间化为实的生命。宗白华先生认为虚空是“最活

图 2–21 沧浪亭

泼的生命源泉”，是“万物的源泉，万物的根本，生生不息的创造力”。空白是中国画的画底，虚空中包含着万象；空白融入万象内部，与万象的“道”相一致。宗白华先生认为“艺术境界中的空并不是真正的空，乃是由此获得‘充实’，由‘心远’接近到‘真意’”。

北宋诗人苏舜钦蒙冤遭贬，退隐姑苏，他花钱买了座荒园，造一亭，取名沧浪，化用楚辞：沧浪之水清兮，可以濯吾缨，沧浪之水浊兮，可以濯吾足。园林是主人的精神气质的体现，只要能与江山风月、人间草木相伴，名利都是虚幻。没有那些功名利禄，内心才能够怡然自得。所以说，最好的园林都是文人造的，因为他们知道叠山理水间的诗性和浪漫，将建筑与中国传统文化完美结合。有人说，没有了沧浪亭，苏州园林就是徒有虚名。沧浪亭是苏州园林的灵魂，因为比起皇家园林，苏州园林是文人们为归隐而造，而沧浪亭就是隐逸最好的注解。后世的拙政园、网师园都出自沧浪亭的精神谱系。沧浪亭，静静地安于姑苏城，稳固苏州的诗性灵魂，如图 2–21 所示。

图 2-22 现代建筑中的意境美

现代建筑，继续传承了中国传统文化之精神，通过虚、实、有、无，“虚实相生”地表达出中国美学之意境美，完美阐释建筑与文化的结合，如图 2-22 所示。

西方现代建筑设计中，塞西尔·巴尔蒙德对建筑设计强调“入侵体系”的思想，并将其运用到建筑设计中。他在《异规》一书中认为：“‘异规’是一种设计非线性形式的方法。它不是基于设定边界然后划分空间的传统平面观念，也和固定的中心或经典的对称理念无关。相反，‘异规’通过一种内在化发展为某种一致性而产生形式。‘异规’有三个特征：局部、混合、并置。它们是相互联系的，而不是孤立的范畴。例如，极端的并置，当非常靠近时就表现为混合，而混合也可以成为一个局部状态等。这种方法本质上是一种实验法，我们只能去诠释，因此它是没有边界的。‘异规’是一种释放能量的动态属性。滑移、跳跃和离散的概念进入了讨论的词汇表，新的几何学是这种形式探求的基础。”“异规与‘规整’的关系，可以被解读为两个有秩序的体系，其中一个体系侵入另一个体系……杂乱现象令人惊讶地安定下来成为一种模式，开放及不可限定的情况变为网格和连贯。”

“异规”强调一致性被消除，平衡被打破，秩序对严密的要求被忽视，设计最终的视觉结果在广阔的视野中显现出另一番美的景象。它从思想深处促使我们站

左：图 2–23 中国中央电视台总部大楼
右：图 2–24 美国西雅图中央图书馆

在与“规整”相反的美学立场上思考问题，进而在哲学判断层面上催化出与设计美学共同连体后的新的审美语境。异规的典型例子见图 2–23、图 2–24。

2.2.6 设计在社会创新中的复杂性表现

设计是将科学与艺术相交叉且表现显著的学科。很显然，科学和艺术各自具有不同的特征和研究领域。对于新颖性和独特性来说，科学与艺术展示出不同的特点和立场。

对于经典科学而言：一方面，科学一开始总是选择那些能够做简单化处理的事情来考察，它排斥新颖性，因为新颖性包含了它暂时没有能力来处理的复杂性；另一方面，经典科学从传统文化中接过的是还原主义的大旗，在这面大旗指引下的科学只能走上简单化的、基质化的道路，新颖性和独特性对于经典科学的世界来说仅仅是一种幻象。

但除了经典科学之外，科学实际上至少还有一个发展的方向，那就是来处理新颖性和复杂性的科学。英国科学家戴森揭示出科学有两种互补的方向，一种是统合式或称爱因斯坦式，另一种是多样式或称卢瑟福式。前者要努力消除差异而寻求宇宙的统一性。作为理论物理学家，爱因斯坦终其一生都在寻找宇宙的统一场，因此他是统合式科学的代表。后者则是着眼于不断发展而产生的宇宙的多样性。作为实验科学家，卢瑟福一直在努力寻找自然之中的新奇事物，不停地用实验来发现自然的奥秘，因此他是多样式科学的代表。实际上，爱因斯坦是经典科学在近代最伟大的代表，而卢瑟福的努力则预示了新的科学即复杂性科学的到来。

相对于科学而言，艺术的独特性是其复杂性的表现。里德雷认识到了艺术的独特性与复杂性相关，他说道："审美和道德体验是极其复杂和主观的，它们有许多方面对于个体而言是完全独特的。"

卡西尔对艺术的客观性有着不同于一般的认识，他认识到的艺术的客观性有两个方面。一方面，艺术以其独到之处使我们感受到和认识到何为客观；另一方面，艺术又使其全部的客观的创作以具体化和个性化的形式置放于我们面前，这种具体化和个性化以其强烈的生命力浇灌着这些客观的创作[①]。

语言和艺术也能显示其特殊的客观的意义——不是因为它们模仿了一种自存在之实在，而是因为它们预构了实在，并且预构了对象化的独特样式和方向。这一

---

①卡西尔．人文科学的逻辑［M］．沉晖，等译．北京：中国人民大学出版社，2004：82．

论点除了适用于外部经验世界之外，还适用于内部经验世界[1]。

一方面，艺术的独特性本身就是客观的，在客观创作过程之中，主体以独特的个体性的生命力浇灌着这种客观的创作，使人们感受和认识到客观性。另一方面，艺术的客观性并不是只表现为对现实的模仿，而是以特殊的形式预先指出可能的去向和未来的存在方式，这是艺术最为突出，也是最为伟大的地方。

设计不仅重视科学的发展方向，以及科学新成果的应用，更注重艺术文化的创新和独特性的表达。所以说，设计在社会创新中起着非常重要的作用。

当今生态环境、人类健康、地区冲突、全球疫情等各类危机和全球性的挑战与日俱增，如何创造更美好的和谐社会和幸福世界，不仅需要解决方案的创新，更需要文化上的重构。埃齐奥・曼奇尼教授认为，社会创新可以为转型中的当代社会带来一种开放的、持续性的、情景化的和多元化的文化理念，它必须是多元文化构成的一种设计导向的文化，因此，社会创新也是一种前沿性的文化创新。埃齐奥・曼奇尼教授提出了 SLOC 情境理论。SLOC 情境中的 4 个字母 S、L、O、C，分别指 small、local、open、connected。SLOC 情境意为小型、本地、开放、互联的情境，

①卡西尔．人文科学的逻辑［M］．沉晖，等译．北京：中国人民大学出版社，2004：74.

这一情境主要用于描述一个理想状态下的社会创新组织或项目所应具有的特征。社会创新是当下人们面对复杂的社会问题与挑战时产生的一种新的应对手段，它联系不同的社会角色，创造新的社会关系，运用新的技术，将社会资源重新整合和利用。SLOC 情境作为对社会创新组织或项目特征的描述，具体体现为体量规模小型化、服务内容与资源本地化、服务流程开放透明化、服务体系网络互联化四个特征。生态农业作为一种应对复杂挑战的新的农业发展形式，是社会创新的重要形式，SLOC 情境或许能够为生态农业服务模式与用户体验的优化和提升，带来帮助与启发。

皮特·沃克是当代国际知名景观设计师、“极简主义”设计代表人物、美国景观设计师协会(ASLA)理事、美国注册景观设计师协会(CLARB)认证景观设计师、美国城市设计学院成员、美国设计师学院荣誉奖获得者、美国景观设计师协会城市设计与规划奖获得者。他的每一个项目都融入了丰富的历史与传统知识，使艺术与景观设计完美地结合起来，从而赋予项目全新的含义。皮特·沃克的设计理念——极简主义又称最低限度艺术。他的代表作品是哈佛大学唐纳喷泉设计。哈佛大学校园内的唐纳喷泉位于一个交叉路口，是一个由 159 块巨石组成的圆形石阵，所有石

图 2-25 哈佛大学唐纳喷泉设计

块都镶嵌于草地之中，呈不规则排列状。石阵的中央是一座雾喷泉，喷出的水雾弥漫在石头上，喷泉会随着季节和时间而变化，到了冬天则由集中供热系统提供蒸气。人们在经过或者穿越石阵时，会有强烈的神秘感。唐纳喷泉充分展示了沃克对于极简主义手法运用的纯熟。巨石阵源自他对英国远古巨石阵的研究，同时质朴的巨石与周围古典建筑风格完全协调，而圆形的布置方式则暗示着巨石阵与周围环境的联系（见图 2-25）。

通过以上分析，我们发现设计具有多维度的特点，且各维度之间又相当紧密地联系在一起。我们将外部因素与内部因素联系了起来，使得人的因素和物的因素得到了统一。不同的人为了实现其目的就会采用不同的手段来组织内部因素。可见景观设计就发生在“外部因素”与“内部因素”的“关系”中，通过设计活动，两者之间相互适应，彼此沟通。景观不是静止不变的，它随着外部因素与内部因素的变化而变化。系统的复杂性并不在于元素本身具有什么样的特性，而关键在于元素之间的关系。法国学者埃德加·莫兰认为复杂性是指不能用一个关键词来概括，不能归纳为一个规律的作用，不能划归为一个单一的思想。从以上对于景观设计学的分析，我们发现它完全符合复杂性的特征。

第3章

复杂性语境下中西设计发展历程

3.1 设计复杂性问题早期发展历程

作为复杂适应系统，人类设计活动始终处在特定的历史环境中，总是要面对外部环境的变化而进行自我调整。这种自我调整的能力和行为就是自组织。设计的复杂性发展的根本方面就是在设计为适应环境而采取的自组织行为过程之中实现的，主要表现为组分增多、结构趋于复杂、新的可能性增加等方面。设计系统是一个多层次的系统，主要包含人类活动、人工物理和人工抽象三个层次。如果不对这三个层次进行区分，那么我们就很容易陷入混乱之中。设计在面对环境的变化而采取的行为有负面的和正面的两种反馈形式。负反馈就是消除干扰，维持系统的稳定；正反馈是在环境的影响下采取结构调整以适应变化。设计的复杂性发展只能是以正反馈的形式出现，即内部做出组织结构上的调整。这种正反馈的直接结果就是在长时间的发展过程中组织结构趋于复杂化，一方面是因为元素或组分的增多，另一方面是因为结构的精致化、细密化。设计确实出现了门类品种越来越多的趋势，并由于这种趋势而发展了越来越密集、越来越复杂的关系。这种结构复杂化还导致了每一门类或品种的设计也生发了新的品质。

无疑，系统正反馈行为除了吸收环境中的物质、能量和信息而增加组分外，也会因为组织结构的调整而抛弃了一些组分。马克思曾经指出，艺术的发展同特定的历史社会环境有关，由于人类不可能回到原先的时代环境之中，有些设计样式永远也不会再发展出来了。由于系统具有历史，系统也需要历史，没有历史的系统是不可能有自我组织的，因为自组织必然是建立在以往形成的一些信息模式的基础之上，因此，历史虽然不再作为一个活系统而存在，但一些历史信息还是会不断地或完整地或以片段形式进入其他设计之中而传承下去。

3.1.1 中国设计早期发展的复杂性表现

设计总是在环境中存在，它与环境相互影响。为了适应环境的变化，它经常进行自我的建构和调整，从而抛弃一些组分而又吸收一些元素，也正是在这种适应环境的动态发展过程中实现了自身组织结构的复杂化。

人造物都存在着某种“原意”，遵循着某种“原意”，表现着某种“原意”，都会具有某种设计的原初的用意、规划及目的。设计之初的这种“原意”就是实用需求，或者说是功能。因为在远古时代，人类的生存环境是极为恶劣的，人类最早的设计工作不得不在受威胁的自然条件下为求生存而展开。早期的设计如猎具、衣物、掩体、武器等，都是为了抵御自然灾害和野兽的袭击。对此，墨子曾说：“食必常饱，然后求美；衣必常暖，然后求丽；居必常安，然后求乐。”人本主义心理学家马斯洛也认为，人在生理需要和安全需要这些属于低级需要基本满足的情况下，才会出现社交、尊重和自我实现的这些高级的需要。因此，人类早期的设计体现了实用性这一特色。

同时，早期设计的适应性自组织主要受人类活动系统层的影响较大，人工物理层和人工抽象层表现并不显著。在这一阶段中，美不是关键，也不是目的，为生存而追求的实用才是人类原初时期设计的唯一目的。真正具有审美价值的设计品，直到原始社会后期，乃至奴隶社会初期才出现。因为只有当人们的生存得到了基本保证后，美才成为可能，审美意识才开始渐渐与生产相结合。中国人开始在陶器上绘制图案，在制造中讲究形状，但这一切都是人们不自觉的行为，丝毫没有理论的指导。但是，我们又不能否认装饰和审美是在人猿相别的时期逐渐产生的。山顶洞人已经开始把石块、骨片、兽牙、海贝等东西制成装饰品，有些还被染上色彩，还有一些天然的白色带孔小石珠被磨制成大小一致的石项链。这些古物已经让我们感受到了山顶洞人对美的追求。而到了新石器时代早期，人们已经开始正式佩戴用小螺壳制成的项链、用牛肋骨制成的骨手镯。这些项链和手镯都反映了原始人审美意识的萌芽和对美的追求。而美的装饰从某种意义上讲起源于实用。

原始社会后期，人类除了对石、骨、木材料进行加工利用外，还创造性地发明了制陶工艺和陶器。陶器在人类生活中具有很重要的意义，是人类文明史上的创举。它不仅丰富了生活用具的形式，而且加强了定居生活的稳定性。农耕定居生活的到来，使社会分工成为可能。劳动分工后，出现了专门从事器物设计和制作的匠

左：图 3-1 鸟形神器
中：图 3-2 人面鱼纹

人，这为人类设计开辟了新的广阔领域，使人类的设计活动日益丰富并走向了手工工艺设计的新阶段。陶器上的纹饰是我们研究原始审美的重要途径。原始装饰的纹样主要有两种。一种是体现其部落崇拜的图腾。图腾是原始人在生产力低下的情况下，把自然物人格化，并赋予其一种超自然能力，以祈求达到保护自己为目的的标志。图腾常常被刺在身体上，或被刻绘在器皿和武器上，或是制成标志物，成为部落的标志。它具有实用的价值，能为人提供心理上的保护作用。鸟形神器产生于新石器时代，它成为代表中国原始第一村的标志物，也是我国迄今为止发现的最为完整的图腾标志（见图 3-1）。另一种是来自生活，与人们日常生活关系密切的器物与纹样设计。如半坡彩陶中的鱼形纹样、工具，甚至有时还有宗教仪式的用物（见图 3-2、图 3-3）。由此可见，装饰和审美源于生活，来自实用。装饰的产生过程就是人们审美意识产生过程的真实写照，或者说最初的装饰是为了适应实用而产生的，实用和装饰很难区分。

图 3-3 植物纹样

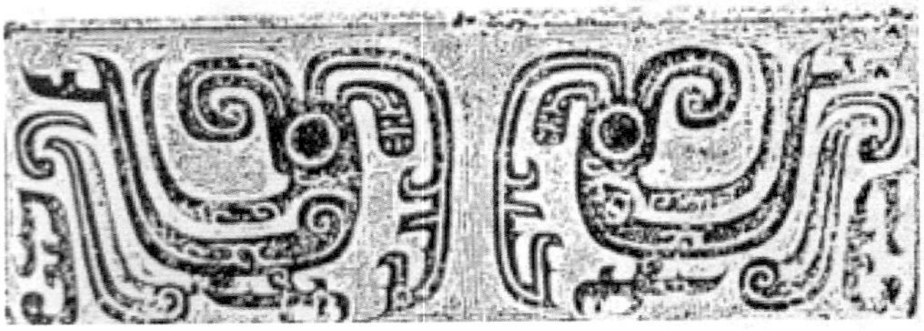

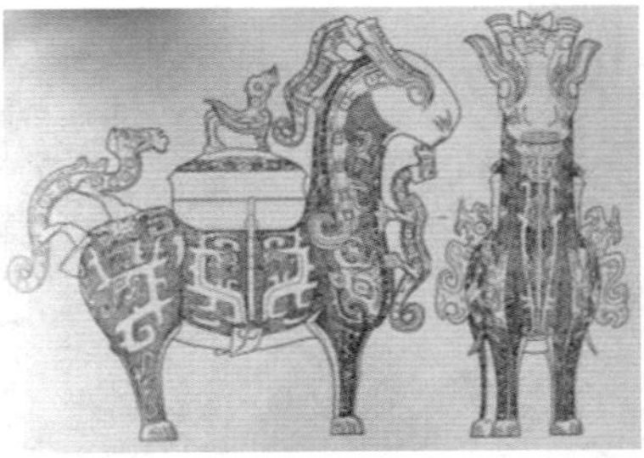

左：图 3-4 长冠凤纹 陕西长安张家坡出土
右：图 3-5 牺纹尊 陕西长安张家坡出土

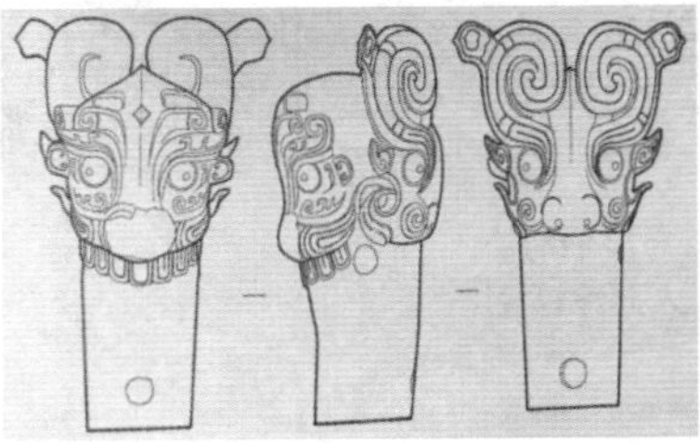

图 3-6 龙首纹 陕西长安张家坡出土

通过在生活中不断积累对美的规律的认识，人类开始逐步了解对称、节奏等形式规律，总结从具象到抽象的艺术表达手法，逐渐产生了关于美和装饰的理论。

在中国古代，由于宗法制度的长期影响，器物的设计与制作不再单纯是一种物质的创造过程，而是包含着浓厚的社会观念性的内容。器物能否体现社会角色的认知成为其功能的一个重要方面。商周时期，最有代表性和具有突出工艺设计成就的是青铜工艺。3000 多年前出现的中国青铜工艺反映了中国奴隶社会手工业发展的最高水平。文献资料和考古发掘资料表明，我国在夏代就能铸造青铜器了。《左传·宣公三年》载："昔夏之方有德也，远方图物，贡金九枚，铸鼎象物。"《越绝书》载："禹穴之时，以铜为兵。"青铜为纯铜与锡、铅的合金，其熔点较纯铜低，硬度较纯铜大，在浇铸时气泡少，流动性好，可铸出锐利的锋刃及精细的花纹，适于制作坚实的兵器、工具及金光亮丽的容器。

西周时期，青铜器纹饰设计的基本特点如表 3-1 所示。

图 3–7 虎座鸟架鼓

表 3–1 青铜器纹饰设计的基本特点

	时间	纹样	器型	示例
西周早期	武王至昭王	兽面纹为主，凤鸟纹盛行，直棱纹兴起	方座簋	图 3–4
西周中期	穆王至夷王	环带纹、重环纹出现；纹饰写实，并走向了规范化，礼制色彩浓厚	以鼎、簋等食器为主	图 3–5、图 3–6
西周晚期	厉王至幽王	纹饰朴实化、生活化，造型和纹饰流于程式化；以波曲纹、重环纹、窃曲纹为主	壶	

在战国时期，我国漆器工艺就已开始发展，漆器已部分取代了粗笨的青铜器。漆器胎骨也向轻巧的方向发展。战国时，以芝麻贴在泥或木胎上数层，形成外胎，干后去掉内胎，再加以髹漆，是后世脱胎漆器的前身，美观典雅。江陵是春秋战国时期的楚都，出土的著名漆器有虎座鸟架鼓 (见图 3–7)，造型优美，极富装饰性，以双凤首悬一圆鼓，用双凤作为鼓架，鼓座为两兽。汉代漆器多子盒的设计，亦即多件盒。它从实用出发，在一个大的圆盒中，容纳多种不同形式的小盒，既节省空间，又美观协调，体现了卓越的设计思想。

在中国，有思想底蕴的设计直到先秦才真正出现。先秦是中国美学的发端期，美学思想在各种典籍中频频露面，各种美学思潮的涌现对当时的设计产生了深远的影响。先秦时期的思想家对功能与形式之间关系的复杂性问题产生了极大的兴趣，孔、孟、老、庄、荀、墨、韩都从不同角度对此发表了自家看法。总体上，各家都认为实用是关键，是否有用是衡量事物美与不美的标准。只有有用的事物才可能是美的事物，不能体现实用价值的事物是不能与美沾边的，有的甚至认为只要产品满足人们实用的需求，就是美的，不必过分追求其审美的形式或功能。

孔子认为产品只要能达到实用的功能就可以了，而不需要去追求其外在形式的优美，所以他反对过分修饰服装和房子。据《论语·泰伯》记载：“子曰：‘禹，吾无间然矣，菲饮食而致孝乎鬼神，恶衣服而致美乎黻冕，卑宫室而尽力乎沟洫。’”孔子认为要“文质兼备”，强调“质胜文则野，文胜质则史”，强调“美”与“善”的统一、“文”与“质”的统一，以及“乐而不淫，哀而不伤”，即“和”的审美标准。

老子抽象地提出“有”与“无”、“利”与“用”之间的关系。老子将虚无看成是有用的，为当时的设计者开拓出一种更广阔的时空观，从而使设计者步入了一个更加宽广的天地。在现代设计者看来，老子的虚无观是一种关于扩大空间的理论，与现代设计的空间要求相符合。庄子也赞同老子“无为”的观点，反对装饰、雕琢，崇尚返璞归真的艺术原则。他以故事的形式告诉人们，工艺制作需要心手相通，但是这种境界要靠长期的积累才可能达到。但老子又说：“五色令人目盲，五音令人耳聋，五味令人口爽，驰骋畋猎令人心发狂，难得之货令人行妨。是圣人为腹不为目，故去彼取此。”五色、五音等美和艺术的东西都是能刺激人的欲望、使人发狂的异物，且“美言可以市尊，美行可以加人”“知者不言，言者不知”“大巧若拙，大辩若讷”“是以大丈夫处其厚，不居其薄；处其实，不居其华。故去彼取此”。老子这种对实用的推崇和对形式的轻视，对当时及后来的中国美学和艺术发展有着深刻的影响。从某种角度看，这奠定了中国古代美学和艺术中“重内容、轻形式”的思想基础。

墨子更以实用来衡量一切，否定文采美饰。他认为“先质而后文”，所谓“食必常饱，然后求美；衣必常暖，然后求丽；居必常安，然后求乐”“功利于人谓之巧，不利于人谓之拙”。他极力反对在实用之外追求外观形式的美。墨子的观念代表平民阶层的利益，追求实用节俭，反对奢华浪费。

荀子认为事物不仅要有实用的功能，也需要有美的装饰。一方面，他说“粗布之衣，粗紃之履而可以养体”，另一方面，他又说“雕琢刻镂，黼黻文章，所以养目也”。他坚持以实用为主，强调装饰的衬托，装饰要注意掌握一个分寸，即他所谓的“度”，要追求“无万物之美而可以养乐”，即对美的内容和美的形式都要重视。

韩非子也是先强调事物的实用性，然后再谈美和装饰的问题。他反对“以文害用”，主张“好质而恶饰”，提出要“去淫丽”和“去智巧”，坚持衡量事物的好坏，不是看它外表的美丑，而是看它是否满足人们的实用需求。他说：“夫瓦器，至贱也，不漏，可以盛酒。虽有乎千金之玉卮，至贵，而无当，漏，不可盛水，则人孰注浆哉？”韩非子强调：“性者，本始材朴也；伪者，文理隆盛也。无性则伪之无所加，无伪则性不能自美。”

先秦的《考工记》是我国第一部工艺造物专著。它记载了先秦官府手工业的设计、创造工艺和制作规范，并且阐述了一系列设计原则，其中的一些设计思想具有重要的美学意义，如“天有时，地有气，材有美，工有巧，合此四者，然后可以为良”。一方面，这句话表明要制作出优美精良的器物，天时、地气、材美、工巧四者必不可少，体现了一种系统论的设计美学观；另一方面，它也强调了艺术设计必须要合乎“天时”“地气”等客观自然规律。在此基础上，发挥人的主观能动性“工巧”，最终实现天工与人工的统一。这体现了天人合一的理想审美境界，以及人与自然和谐相处的生态意识，对后世产生了深远影响，即便是在今天仍然可以作为工艺制作的基本法则，对处于生态困境中的当代设计具有深刻的启示作用。

图 3-8 女雕像 奥瑞纳文化

3.1.2 西方设计早期发展的复杂性表现

西方原始时期的设计，经历了与中国原始时期大致相同的过程，也就是从旧石器时代到新石器时代的发展过程。从今天发现的西方原始洞窟壁画来看，原始人的绘画题材多是人像和动物，以及生产、战争和狩猎等内容，是集社会性、巫术性、宗教性等于一体的综合设计。这些绘画告诉我们，在原始时期，审美和实用是没有区别的，一切改变自然的尝试都是集实用和审美于一体的。这是无可争辩的事实。西方具有一定审美价值的工艺文化开始于旧石器时代的晚期，其中最著名的是奥瑞纳文化和马格德林文化。奥瑞纳文化以栩栩如生的女性裸体小石雕为代表，这可以算是西方工艺文化的开端。如图 3-8 所示，这尊小圆雕是以软质石灰石刻成的，她的头部与四肢雕琢得十分笼统，脸部特征没有刻出来，但头发却均匀地成卷状排列在整个头部。雕像高约 10 厘米，宽约 5 厘米，胸部突出，腹部宽大，腰腿粗壮，女性特征被强调得极其夸张。这正是对旧石器时代母权制社会观念的反映。在那个时期，妇女领导着集体生活。另一方面，这种小雕像或许与当时的巫术活动有一定关系。

古希腊是欧洲文明的源头，其艺术是西方古典主义艺术的典范，是西方人心目中古典美的最高标准。但是，古希腊艺术的遗存主要集中在建筑和雕刻作品上，

图 3-9 瓶画

绘画艺术保存下来的极少，只在考古中有少量发现。这些绘画多是描绘在陶制器物上的装饰性绘画，后人将其统称为“瓶画”，如图 3-9 所示。最具有代表性的是“黑绘风格”和“红绘风格”的瓶画。

众所周知，古希腊、古罗马时期是西方文化的第一个高峰期，无论是政治、经济，还是哲学、艺术都呈现了灿烂的景象。这时出现了苏格拉底、柏拉图、亚里士多德等杰出的思想家。这些伟大的人类思想启蒙者在研究世界的时候，也提出了许多对美和美的事物的看法。他们认真探讨美和善的关系，争论实用和审美的实质。这些想法当然也对工艺美术设计产生了很大的影响。

1. 数与美

毕达哥拉斯对数和美的研究，开启了美学思想对设计艺术影响的先河。毕达哥拉斯学派认为“事物由于数而显得美”，而且美的形式就是数字化的秩序、均匀和明确性。他们将比例、数和美联系了起来。毕达哥拉斯学派的主要思想如下。①和谐与比例。事物的质取决于和谐的结构，和谐离不开对称，一是相互对称，二是相互补充，和谐中包括对立。②质与比例。只有比例和谐才能真正形成对称，才能形成真正的质。③比例与数量。比例是数量之间的关系，其根本的实质是数量。

“秩序和均匀都是美的和有用的，而无秩序和不均匀则是丑的和无用的。”“没有一门艺术的产生不与比例有关，而比例正是存在于数之中。所以，一切艺术都产生于数……因此，雕塑和绘画中存在着某种比例。由于这种比例，它们达到了完满的和谐。一般来说，每一门都是一个知觉系统，而系统就是数；因而人们可以恰当地说，‘事物由于数而显得美’。这种情况意味着得力于一种能够判断并与那些构成所有事物原则的数相联系的心灵。这就是毕达哥拉斯学派所坚持的原则。”

对毕达哥拉斯学派的评价如下：①揭示了事物的质和比例之间的关系；②忽视了构成事物的元素和材料的作用，不能把一切的质都还原为结构。毕达哥拉斯学派正是将数看作世界的本原，从而推论出美的本质就是比例、均匀、和谐。这对设计艺术产生了极大的影响，是设计艺术长期坚持的命题。

2. 尺度与美

德谟克利特是古希腊最早言及审美装饰问题的美学家。他认为，外表的装饰只有与内心的道德相统一，才是真正的美。他说，“那些偶像穿戴得看起来很华丽，但是，可惜！它们是没有心的”，“少说对于女人是一种装饰，而装饰简朴，也是一种美”，“一篇美好的言辞并不能抹杀一个坏的行为，而一个美好的行为也不能为诽谤所玷污”。在他看来，单靠外观之美或形式之美是无法为人所认同的。德谟克利特比毕达哥拉斯学派更直接地将美的本质归结为比例、尺度、均匀等概念。他说：“恰当的比例是对一切事物都好的，不论豪富或赤贫在我看来都不好”，“要是任何东西越过了尺度，最令人感到快感的东西，也变成了令人感到厌恶的东西。”德谟克利特强调质朴的思想与中国古代的墨子十分相似，并对当时强调实用的设计风格提供理论支持。

3. 善与美

苏格拉底认为美和善必然应该相统一。美的东西，也就是善的东西：“你不知道凡是从某个观点看来是美的东西，从这同一个观点看也就是善的吗？……拿个人来说，他也是从同一观点来看既是善的，又是美的东西的，人体也是如此。总之，凡是我们用的东西如果被认为是美的和善的，那就都是从同一个观点——它的功用上去看的。”苏格拉底的美善一定程度上起到了方法论的作用。自此后古希腊、古罗马的美学家中就有很多人不再抽象地就美谈美，而是开始把美放到实际事物的关系中去讨论，并强调对人的功用的重要性。这种将美和善与对人的功用相结合的审美观点，后来被柏拉图否定了，并在康德的美学分析中得到了重新阐释。

苏格拉底第一次把语言问题和意义问题引入哲学，把意义问题看成是首要问题，第一次提出从熟知到求真知的反思的方法，但是只考查了特定语词的意义，揭示了意义的方法，没有对意义本身加以考察，并且也没有说明熟知是从哪里来的。

柏拉图是苏格拉底的学生，但是他的许多观点与老师不同，尤其是在美和善的问题上。他在《大希庇阿斯篇》中仔细地分析了美和善与功用之间的关系，并从逻辑的角度推论出美和善不可能是一回事。

“那么，美是有用的、有益的、有能力产生善的那一套理论，实在都是错误的，而且比起我们原来认为的美就是漂亮的年轻小姐或其他所提到东西的那些理论，还更荒谬可笑。”柏拉图将美与善做了区别，为日后美的无功利观点的提出奠定了理论基础。柏拉图还将美和丑同尺度联系在一起，美是合乎尺度的(比例)，而丑则缺乏尺度或不合乎比例。“畸形无非是缺乏尺度，看起来总是丑的。”技艺的完美都要注意适度，失去适度就会导致毁灭，适度是衡量各种技艺的关键标准。“所有技艺中，一部分技艺是与尺度有关的，以相对的标准来衡量对象，如数、长度、高度、宽度、厚度；另一部分技艺是以适应来衡量的，如合适、凑巧、需要，以及与之有关的所有的词汇。总之，都是指避免极端的适度或标准。”柏拉图将美的本质看成是尺度，并将尺度定义为美和德性的本质。“现在，善的力量已经隐入美的本性中，因为尺度和均匀在任何地方都是同美和美德等同的。”柏拉图从他的“理念说”出发，继承性地提出“文艺是模仿”。他认为文艺作品和艺术美，与美的理念相隔了三个层次。他经常用三张床来具体说明：神制造了唯一的天然的床，即床的理念；木匠制造具体的床时，心中先有床的理念，他以床的理念为模型模仿并制造；

而艺术家又以此具体的床为对象来勾勒第三张床。可见艺术是离理念最远的。所以，在柏拉图的哲学理论体系里，艺术是最低下的。也正是基于这种想法，柏拉图更重视模仿，这对设计的发展起到了一定的推动作用。

亚里士多德在西方对当时的美学思想也做出了极大的贡献。他的对美和善的问题做了较细致的分析，提出了“美的主要形式是秩序、均匀和确定性”。他认为，一方面“善与美是不同的(善常以行为为主,而美则在不活动的事物上也可以看到)”，“因为美和善是不同的,善永远是在行为中,而美则在不运动的事物中也可以找到。那些人认为数理学科不涉及美或善是错误的”。可见，亚里士多德对审美的美和道德伦理行为的善做了明确的区别。他从数理学科与美的关系入手，探讨了美的奥秘，指出了美与数理学科之间存在着不可分的关系。“因为数理学科对于善和美谈论得很多，也为之做过不少证明。尽管数理学科并非直接提到它们，可是数理学科指出了它们的结果或定义，这就不能说数理学科没有涉及美与善了。”亚里士多德明确提出了美就是秩序、均匀和确定性。“美的主要形式是秩序、均匀和确定性，数理学科最明白地揭示了它们。……所以，很显然，数理学科在谈论这些东西时，也就是以某种方式谈论美的原因。”可见，亚里士多德认为美与功用并非毫无关系，尽管美并不等于功用，但是功用能够给人带来美感。美感除了能由诗歌、音乐、戏剧等艺术引起之外，现实中的对人有利的事物（善的）也是人们产生美感的源泉。这

图 3-10 铜灯 汉

一思想是他对苏格拉底和柏拉图对美、善和功用的观念的综合和提升。亚里士多德把尺度、秩序、均匀、数量视为美的事物存在的客观条件。这一观点对设计艺术的发展有很大的帮助，促使设计更实际地向审美的方向前进。

3.2 设计发展阶段的复杂性表现

3.2.1 中国设计发展阶段的复杂性表现

《后汉书·舆服志》中记载："古者君臣佩玉，尊卑有度；上有韨，贵贱有殊。佩，所以章德，服之衷也；韨，所以执事，礼之共也。故礼有其度，威仪之制，三代同之。"在这种审美旨趣的驱动下，汉代的许多工艺品在装饰设计上常采取实用和审美相统一，并向一物多用化的方向发展。就风格论，汉代的装饰具有以下特点：一是古拙而不呆板，朴质而不简陋；二是灵动而有生命；三是满而不乱，多而不散；四是式样独特，意味深远。在这些特点中，不偏不倚的中和之风隐约可见。铜灯就体现了这种特点（见图 3-10）。

魏晋南北朝时期是我国封建社会的一个动荡时期。政治上的混乱在一定程度上促使人们的思想得到解放。当时的思想家们认为，天地万物皆以"无"为本，人们崇尚自然，追求清闲，超然物外。有些名士甚至艺术史论家认为魏晋南北朝是一个艺术自觉的时代，也是一个美学自觉的时代，产生了一大批很有价值的美学和艺术理论著作，如曹丕的《典论·论文》、嵇康的《声无哀乐论》、陆机的《文赋》、顾恺之的《魏晋胜流画赞》、宗炳的《画山水序》、王微的《叙画》、谢赫的《古画品录》、刘勰的《文心雕龙》、钟嵘的《诗品》等。这些大多都是文艺论著，但在其中记载了许多对美和艺术的研究心得，尤其是对画的研究更是较之以前有了很大的进步。此时的设计已经出现了装饰与绘画接轨的明显迹象。人们在对工艺品进行装饰时已经出现艺术创作的意味。我们现在可以在许多出土文物的装饰图案上感受到意境的魅力。在建筑、石刻、铜器、瓷器、服饰上面，手工艺者设计了各种优美动人、意蕴深远的图案。它们的线条富于韵律，色彩对比鲜明，表现了当时人们对生命、自然和美的理解。这些装饰和当时的绘画一样，可以用“气韵生动”来形容。

唐代的许多美学家，从审美意象、审美创造、审美欣赏等几个方面突破了关于美的理论。在审美意象方面，唐代的书画理论家提出了“同自然之妙有”“废物象而取其真”等命题，从而把“意象”和“气”这两个范畴联系起来。他们认为书法和绘画的意象就应该表现宇宙的生气，做到“气质俱盛”。做到了这一点的，就是达到了一种境界。正是在这样思路下，文人们提出了“意境”的概念，从而使中

左：图 3-11 唐三彩 骆驼
右：图 3-12 唐三彩 侍女

国古典美学在审美意象的理论中达到新的高峰。而唐代美学家提出的“外师造化，中得心源”等命题，又显示出当时的美学家力图通过对审美主客体的特点及其相互关系的分析，进一步揭示审美意象的奥妙。唐代美学家提出“凝神遐想，妙悟自然，物我两忘，离形去智”的命题来宣扬应该如何欣赏中国艺术。这些美学上的理论虽然没有直接对设计艺术进行指导，但是这些审美趋向对当时设计之美的取值标准产生了极大的影响。所以，唐代的设计风格，尤其是工艺设计的风格，脱离了先前那种古朴的特色，而具有近代装饰的风格意味。例如，唐三彩的生产已有 1300 多年的历史了，它吸取了中国国画、雕塑等工艺美术的特点，采用堆贴、刻画等形式的装饰图案，线条粗犷有力。制作唐三彩主要是在陶坯上涂上彩釉，彩釉在烘制过程中发生化学变化，自然垂流、相互渗化，色彩自然协调，花纹流畅，是一种具有中国独特风格的传统工艺品 (见图 3-11、图 3-12)。

宋代理学的“存天理，灭人欲”的思想将前朝的淫丽、浮华的风气消灭了，这不可避免地将艺术和工艺带到了一个风格平实的时代，就连文学也开始追求平淡的格调。梅尧臣提出“作诗无古今，唯造平淡难”的文学理想，反对错彩镂金、雕章琢句，追求淡泊含蓄、平淡纯真的风格成为当时的主流取向，这就造成了设计再次向实用倾斜。宋代设计不论是陶瓷、漆器，还是金工、家具等都以质朴的造型取胜，很少有繁杂的装饰，使人感受到清新之美。这和唐代相比，正好是两种不同的味道：唐代华丽，宋代幽雅；唐代开廓恢宏，宋代严谨含蓄；唐代皇家园林宏大壮观，宋代私家园林细腻幽深。所以有人认为，宋代的设计是“一洗倚罗香泽之态，摆脱绸缪宛转之度”。

宋代还出现了专门探讨工艺制作的设计理论。郑樵在《通志·器服略》讲到器物时，认为造型、装饰是源于大自然的万象，提出“制器尚象”的命题。究其本质而言，是中国传统美学“观物取象”命题的扩大和延伸，对此后的设计产生了深远的影响。

明清时期，我国工艺发展到了很高的阶段，谈论工艺设计的专著也纷纷出现。关于陶瓷的有《陶说》《陶雅》《陶录》《古窑器考》《瓷史》等；关于丝织印染的有《蚕桑萃编》；关于刺绣的有《绣谱》等；关于园林的有《园冶》；此外还有许多综合性的关于工艺的著作，如宋应星的《天工开物》、李渔的《闲情偶寄》、周嘉胄的《装潢志》等。另有许多关于设计的美学思想散见在各种典籍之中。可以说，明清时期是中国古代设计美学思想的总结与终结时期。这个时期产生的美学原则和美学思想，至今对现代设计仍具有借鉴意义。

3.2.2 西方设计发展阶段的复杂性表现

1. 中世纪——美与世界分离

在中世纪的漫漫长夜中，宗教的禁锢让古希腊时期的灿烂文化失去了光彩，理论家的思想只停留在教义的范围之内，而美当然也被神化了。宗教神秘主义哲学家普洛丁说："心灵的善与美都是为接近神，因为善和一切组成真实界的东西都是从神那里来的。毋宁说，真实就是美，与真实对立的东西就是丑。""美是理性所在的地方，善在美后面，是美的本原，要不然我们就得把善与美看作同一个原则的开始。无论如何，美是可凭理性去认识的东西。"所以，在他看来，美和善关键在于人的心灵有没有得到神的普照，而与人的其他方面的满足无关。

奥古斯丁把美与世界分离。他在《论美与适宜》一书中提出，美的价值是内在的，只在于美本身，不在于与其他事物的关系之中。这样，他就完全排除了适宜、效用、合目的性给人带来美感的可能。"适宜"只配形容现实的事物，而"美"是留给上帝的。他说："至于各种最高的美，就不是视觉所能见到的，而是要灵魂不凭借感官去观照它、判断它。在观照时，灵魂升到上界，把感觉留在下界。"他认为美在于统一，而在事物中没有统一性，所以物质不是美的根源，美的根源是精神；美不是形态，不是色彩或巨大的体积，而是灵魂。他强调："必须使视觉主体近似或符合视觉对象之后才能够观照，如果眼睛还没有变得合乎太阳，它就看不见太阳，如果灵魂还没有变得美，它就看不见美。所以，无论任何人，如果有心要观照神和美，

左：图 3–13 格鲁吉亚的安迪什福音书
右：图 3–14 16 世纪意大利修道院圣诗集

都要首先使自己是神圣的和美的。”

手抄本是公元 5—15 世纪欧洲主要的文化和艺术载体。其内容多以圣经、福音书、祈祷书、文典、历书的形式出现，也涉及历史、文学等。媒介由早期的纸草逐步演变成皮纸。早期设计制作者多为修士，中世纪晚期，因手抄本的制作商品化，也有女士参与抄写制作。古抄本的出现是中世纪一项重要的变革。它改变了以往“卷”状的书籍形式，新的书本成对折形式，每二十五章装成一本，用厚重木片做成封面加以保护，后来为了便于阅读，将书籍表面上蜡，并用铁圈串装成册（见图 3–13、图 3–14、图 3–15、图 3–16）。

左：图 3–15 凯兰书卷 1
右：图 3–16 凯兰书卷 2

2. 文艺复兴——和谐

文艺复兴是指发生在 14 世纪到 16 世纪的一场反映新兴资产阶级要求的欧洲思想文化运动。它在形式上表现为对古希腊、古罗马文化的重新振兴，但在内容上却包含了资产阶级文化的萌芽，代表着新兴的市民阶层的人文主义需要。

就美学思想而言，这时研究纯艺术的美学理论和针对设计等相关领域的应用美学理论都得到了蓬勃的发展。其中研究应用美学最为著名的作品之一是意大利建筑设计师阿尔伯蒂所写的《论建筑》，书中认为："所有的建筑物，如果你们认为它们很好的话，都产生于'需要'，受'适用'的调养，被'功效'润色，'赏心悦目'在最后考虑。"这段著名的论述其实是在讨论审美和实用之间的关系。

德国画家丢勒认为："美是由不同的人拼为一体的，我们对它的判断也是不确定的，以至于也许我们可以发现，两位看来都是美的或漂亮的人，然而无论就高矮或血统而论，也无论就任何具体的特点或组成部分而论，他们都是不相似的。"他认为，虽然艺术源于自然，但是艺术中的人的因素还是起决定作用的。艺术充满了人的情感，或者说情感创造了艺术，因此设计作为具有一定艺术性质的人类行为，也必然融入了人的情感。既然是属于情感的艺术，那么设计就不会只局限于模仿自然。它必然将借助人类的意志来突破和发展，并形成独立于自然的一个自主系统。

文艺复兴时期的美学理论对设计艺术有重要影响的是“和谐”理论。在文艺复兴的艺术中，人们开始重新审视自然的选择，注意由调整整体各部分之间的互相关系而产生和谐，并有意识地将这种形式融入设计之中。艺术理论家们认为，艺术设计的特征就是这种“和谐”：“就像自然界中一切物体的形式或观念一样，设计的范围也是最奇异的。因为它的范围不仅包括人体和动物体，而且还包括植物和建筑物，涉及雕刻和绘画。设计就是要认识整体与部分、部分与部分以及每一部分与整体之间的比例关系……从这种认识中产生了某种概念或判断。”在这个意义上，设计成了人们应用自然中和谐关系的一种行为。设计体现大自然所提供的和谐、优美的比例关系。人们借助设计的力量，建造整洁、美观的建筑物，告别拙劣的原始洞穴。虽然人们在不断创造新事物，但是它们只是自然比例的翻版，因此设计好像只是将自然中的事物抽象化和条理化，然后再进行选择的过程。这与当时文艺复兴时期追求自然人性、反对神灵统治的信仰变更有关。

文艺复兴时期，意大利的玻璃生产中心，全面继承了欧洲传统玻璃工艺精华，并受伊斯兰玻璃工艺影响，以穆拉诺玻璃最为著名。穆拉诺玻璃在器形上显示着对金属器或陶器的模仿，在装饰上以彩绘形式表现神话故事、寓言人物以及现实生活中的骑士、淑女，也偶然可见以抄本装饰画为底本的宗教绘画内容，壁底多呈深蓝或赤紫

左：图 3–17 穆拉诺玻璃
右：图 3–18 马洛卡式陶器

左：图 3–19 柜子
右：图 3–20 椅子

的半透明色，装饰效果或高贵典雅，或富丽华美（见图 3–17）。意大利的马洛卡式陶器，因具有伊斯兰风格的西班牙瓦伦西亚的赭色釉陶，经马洛卡岛输入意大利而得名。绘饰色彩以黄、青、绿、紫为主色调。内容早期多为图案化植物、鸟兽和文字组合；晚期主要表现神话故事和日常生活情景，手法写实，造型严谨（见图 3–18）。

文艺复兴后期的设计尽量摒弃烦琐的装饰，在设计造型上以简洁单纯、实用和谐为基本特征，这一时期的家具设计对后世产生了深远的影响。将建筑上的装饰母题运用在家具上，树木、花卉、奇珍异兽等都被当作装饰元素，家具用料上使用胡桃木替代了传统的橡木。如图 3–19 所示，这件柜子来自德国巴伐利亚地区，它体型巨大，通身都有繁复的雕刻。雕刻的内容包括典型的文艺复兴风格的母题，即人物、卷草花、花瓶等。如图 3–20 所示，这件 16 世纪法国座椅椅背平直，扶手和交叉点上都有卷草花纹装饰。

总之，文艺复兴时期，西方的设计师迅速成长起来，家具、陶瓷、餐具、玻璃等行业的兴盛为社会生活的繁华提供了许多设计的对象，尤其是家具设计的古典风格样式，成为欧洲古典主义艺术生活的一种象征。

3.3 现代主义设计思想的复杂性表现

3.3.1 现代主义设计思想体系的确立

现代主义设计风格兴起于 19 世纪末 20 世纪初的德国等欧洲国家，在 20 世纪二三十年代达到高峰，二战以后其影响力遍及全世界，20 世纪六七十年代走向衰落。现代主义设计风格主张设计要适应现代化大生产和生活的需要，运用新技术、新材料进行设计，提出艺术与科技相结合的“机械美学”，反对因袭传统，厌恶附加装饰，强调功能主义，用科学的、客观的、理性的精神进行设计，希望通过现代设计提高社会发展水平，改善人民生活，表现出强烈的民主主义和理想主义精神。

伴随工业革命取得的辉煌成果，西方国家工业技术迅速发展，科技发明不断出现，生产力水平不断提高，对原有的经济结构、阶级关系和生活方式带来了很大的冲击。工艺美术运动、新艺术运动和装饰艺术运动，都试图通过回避机器，甚至反对工业化来寻找新时代设计方法和风格，结果不仅没有挡住工业设计的发展，而且也没有解决根本问题。不仅如此，现代都市如雨后春笋般涌现，都市设计和建筑设计没有一个可以依据的模式，高层建筑的设计更是问题丛生，新的商业海报、广告、书籍大量涌现，公共标志、公共传播媒介也与日俱增。新旧问题交织在一起，迫使不少设计师在正视现实的前提下，去探索解决问题的新方法，来为现代社会服务。现代主义设计在这种形势下应运而生，先发端于建筑设计，然后波及艺术及其他设计领域。

在历经威廉·莫里斯倡导的工艺美术运动之后，20 世纪西方设计领域相继出现了两大流派，即现代主义及后现代主义。

现代主义设计的基础是功能主义，主张形式遵循功能。德国现代主义设计大师迪特·拉姆斯阐述现代主义设计的基本原则是："简单优于复杂，平淡优于鲜艳夺目，单一色调优于五光十色，经久耐用优于追赶时髦，理性结构优于盲从时尚。"这种风格引领了世界范围内的设计主潮，以致被称为国际主义风格。1919 年魏玛包豪斯大学的成立，奠定了现代主义设计的基础。该大学主张以理性主义为出发点，以人类认识自然与改造自然为前提，强调一种以客观的物性规律来决定和左右人的主观的人性的规律。许多现代主义者，如德国的贝伦斯、格罗佩斯，美国的米斯、赖特，法国的柯布西耶都以重视功能，造型简洁，反对多余装饰，奉行"少即多"的原则作为自己从事设计和创作的依据。

后现代主义首先出现在建筑领域，是发端于现代主义内部的逆动，是对现代主义理性的反叛。在 20 世纪 50 年代现代主义日渐衰落的情况下，后现代主义的文化思潮开始逐渐盛行。受 20 世纪 60 年代大众文化的影响，后现代主义表现出对现代主义风格中纯理性主义倾向的批判。后现代主义风格强调设计应具有历史的延续性，但又不拘泥于传统的逻辑思维方式，探索创新造型手法，讲究人情味，追求个性化。在设计中常把夸张变形的，或是古典的元素与现代的符号以新的手法融合到一起，即采用非传统的混合、叠加、错位、裂变及象征、隐喻等手段，以期创造一种融感性与理性，集传统与现代，糅大众与行家于一体的“亦此亦彼，非此非彼，此中有彼，彼中有此”双重译码的设计风格，重现历史文脉、文化内涵及对生活的隐喻。

3.3.2 现代主义设计风格

1. 威廉·莫里斯及其设计作品

威廉·莫里斯是怀旧且激进的，他的重要的代表性设计作品是与菲利普·韦伯合作的自家住宅“红屋”。这栋田园风格的家居建筑糅合了英国乡村别墅和中世纪哥特式建筑的特征和设计语言。红屋之红是红砖外墙的本色未做过多的表面装饰，但在砌砖方式上仍然有意识地再现了古希腊、古罗马石砌建筑的若干细节，比如大门入口处的尖拱和窗户的内收窗套部分的处理手法，既充分展现了砖块垒积的正常结构功能要素，又有意识地将窗户上沿的砖块竖向并置以获得与水平排列砖墙的对比效果。

红屋最大的造型特色还是体现在了本来用于教堂的“哥特式尖顶”，这种尖顶结构形式在教堂类大型公共建筑中有增大室内层高空间和拉高竖向视觉印象的作

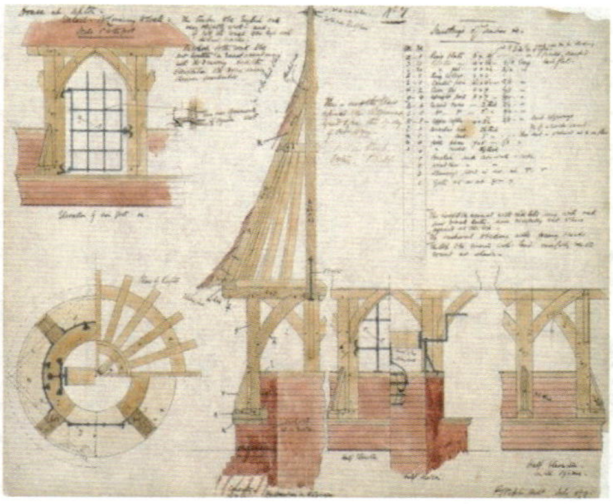

左：图 3-21 威廉·莫里斯的红屋外观图
右：图 3-22 威廉·莫里斯的红屋细节图

用。但是在莫里斯的家居类住宅建筑中，尖拱的物理功能被抽离，两层的小楼房，在整体高度适当宜居的情况下，尖尖的屋顶并没有给室内带来太多的使用空间。尖拱在教堂中的宗教意味以及神圣感在私家住宅中也无法体现出来。此时的中世纪建筑语汇在莫里斯手中，只剩下了一点点怀旧的情感作用，不再发挥其自身的结构和功能意义了。具体如图 3-21、图 3-22 所示。

莫里斯的红屋除了在英国式传统乡村住宅中展现了中世纪教堂的建筑风格之外，还在不经意之间透露出了东方艺术的优雅，比如窗户的窗框和玻璃分隔的风格显然受到了日本“和室”纸窗的影响，这种窗户形式在西方世界的呈现大概是受浮世绘商业版画的自然影响，毕竟拉斐尔前派兄弟会除了声称要向文艺复兴之前的艺术学习之外，也对传入欧洲的东方艺术惊奇不已。当时直接输入西方市场的异域文化商品就有大批量印刷出来的日本浮世绘，当然这种纸质艺术品最早是用作瓷器的包装纸被荷兰商人偶然发现并有意识收藏的。

莫里斯的主要设计成就体现在印染纹样、壁纸花纹和书籍装帧上。纹样的绘制得益于拉斐尔前派画家罗赛蒂的真传，简化过的植物纹样应用在书籍的首字母中，这可以看作是莫里斯在平面设计领域里的原创和伟大功绩。莫里斯的工场为了排印

左：图 3-23 莫里斯肖像
中：图 3-24 莫里斯染织图案 1
右：图 3-25 莫里斯染织图案 2

一本诗歌集，手工绘画和排版耗时超过一年，但是这种美丽的书籍一旦印刷出版就会畅销数年，不仅为读者所喜爱，也成为藏书家追逐的藏品。莫里斯设计的书籍有一些处理方法对于今天的图书版面仍然有参考意义。比如底纹与插图之间由双线框隔离，阅读者观看页面很容易将图案和绘画分开；正文部分除了大写首字母的花体字设计之外，段落本身是纯文本的，底纹围绕文字块形成框架，或者作为独立的装饰放置在一边，图文之间不混排。就这一点来看，今天的许多画报设计实在太“花”了，图片上叠文字，文字中嵌图片，结果文字影响了图片的图画传递，文字的信息又被图片打断了连贯性 (见图 3-23、图 3-24、图 3-25)。

2. 德意志制造联盟与包豪斯教育

德意志制造联盟 (见图 3-26) 是德国第一个设计组织，1907 年成立于慕尼黑，是德国现代主义设计的奠基者。穆特修斯声称：“建立一种国家的美学的手段就是确定一种‘标准’，以形成‘一种统一的审美趣味’。”穆特修斯建议将柏林美术学校、德累斯顿美术学校和不莱梅美术学校都改成建筑与工艺美术学校，以

图 3-26 德意志制造联盟标志

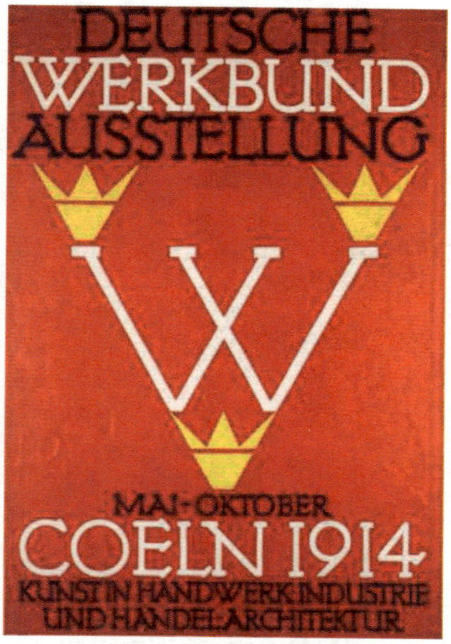

图 3–27 德意志制造联盟 1914 年科隆展

表明设计教育的重要性，并主张“要以合理、客观、功能第一与毫无装饰的新观念来代替传统的美术观念”。穆特修斯曾指出当时德国产品的诸多问题，比如不尊重材料价值的假冒奢侈品，不注重产品品质，只通过模仿外国产品的形式来吸引民众等。

随后的若干年里，德意志制造联盟不仅在商业上获得了空前的认可和成功，其理念更是成为德意志民族文化的一部分，在世界舞台上大放异彩。1919 年，德意志制造联盟中著名的设计师贝伦斯的学生格罗彼乌斯创立了魏玛包豪斯大学，以此命名的包豪斯流派继承了德意志制造联盟的设计理念，成为至今世界上最重要的艺术流派之一。德意志制造联盟还借助媒体与展览对德国的普通民众进行审美教育 (见图 3–27)。

3.4 现代主义之后设计观的衍生及异化

3.4.1 后现代主义设计

20 世纪 60 年代末，高科技的发展及其给生产和社会带来的各种危机，如精神危机、生存危机、环境污染等令人们忧心忡忡。由此，一些艺术设计家们陷入了极度的失望、空虚和迷茫之中，体现了后工业时代人们的一种普遍心境。设计上，二战前具有乌托邦、民主主义色彩的，为无产阶级大众服务的现代主义，发展到二战后变成了具有强烈美国资本主义企业符号和象征性特征的国际主义设计。受其影响，到20世纪60年代末70年代初，世界的大都会几乎变得一模一样，设计探索多元化的努力消失了。到处都是立体主义和减少主义的高楼大厦、简单而单调的平面设计、缺乏人情味的家具和工业产品，原来变化多端、多种多样的各国设计风格被单一的国际主义风格取而代之，不但设计使用者的心理功能需求被漠视，就连简单的功能需求也没有得到满足。新的设计成为仅用功能主义的形式外衣包裹起来的非功能主义。这种状况造成社会中的青年一代开始对现代主义、国际主义设计逐渐产生不满情绪，并激发他们对设计进行新的探索。

在这种情况下，为改变以国际主义设计单调形式为中心的各种所谓"后现代主义"应运而生。后现代主义是旨在反抗现代主义纯而又纯的方法论的一场运动，它对现代主义"形式追随功能"的口号提出了严峻的挑战，开创了一种无视一切的模式和突破所有清规戒律的开放性设计思想，从而产生了许多新潮的设计。

后现代主义对设计的影响首先体现于建筑界，而后迅速波及其他领域。1966年，美国建筑师文丘里出版了《建筑的复杂性与矛盾性》一书。这本书成为后现代主义最早的宣言。文丘里的建筑理论是与现代主义"少就是多"的信条针锋相对的，提出了"少就是乏味"的口号，鼓吹一种杂乱的、复杂的、含混的、折中的、象征主义和历史主义的建筑。他认为，“现代建筑”是按少数人的爱好设计的，公众不了解，因此必须重视公众的通俗口味与喜爱。1977年美国建筑评论家詹克斯出版了《后现代建筑的语言》一书，系统地分析了那些与现代主义理论相悖的建筑，明确地提出了后现代的概念，使先前各自为政的反现代主义运动有了统一的名称和确切的内涵，并为后现代主义奠定了理论基础。另一位后现代主义的发言人斯特恩把后现代主义的主要特征归结为三点，即文脉主义、引喻主义和装饰主义。他强调建筑的历史文化内涵、建筑与环境的关系和建筑的象征性，并把装饰作为建筑不可分割的部分。

在设计上，后现代主义的影响并不深远，但是由于对现代主义的改良和改革动机，也产生了一批设计师，他们不遵循现代主义、国际主义的设计原则，而自己开拓新的设计风格方向。按王受之的意见，现代主义以后工业设计的流派可大致分成以下几个类别，即“高科技”风格、“改良高科技”风格、意大利的阿基米亚和孟菲斯集团、后现代主义风格、减少主义风格、建筑风格、微电子风格等[①]。

---

①王受之．世界现代设计史［M］．北京：中国青年出版社，2002：336.

3.4.2 新现代主义设计

新现代主义也是在现代主义日渐消退，后现代主义又受到人们厌恶的情况下出现的。但与解构主义的否定和反叛不同，它是对现代主义的新发展。新现代主义秉承了功能主义和理性主义的特点，它们的作品没有烦琐的装饰，从结构上和细节上都遵循了现代主义的功能主义、理性主义基本原则，但是，却赋予它们象征主义的内容，具有独特的个人表现性。如贝聿铭设计的水晶金字塔的金字塔结构本身，就不仅仅是功能的需要，而是具有历史性的、文明象征性的含义。

新现代主义是在混乱的后现代风格之后的一个回归过程，重新恢复现代主义设计和国际主义设计的一些理性的、有次序的、功能性的特征，具有特别的清新味道。和解构主义一样，新现代主义也是从建筑领域开始的，在产品设计领域，由于其许多主张和产品语意学的理念相一致，因而被淹没在产品语意学的声浪中，而没有显示出其威力。

后现代主义是一场发生于 20 世纪 60 年代的欧美，并于 20 世纪 70—80 年代流行于西方的艺术、社会文化与哲学思潮，其要旨在于放弃现代性的基本前提及其规范内容。在后现代主义艺术中，这种放弃表现在拒绝现代主义艺术作为一个分化了文化领域的自主价值，并且拒绝现代主义的形式限定原则。其本质是一种知性上的反理性主义和感性上的快乐主义。后现代主义不是一个风格概念，也不是一个时期概念或一个艺术运动的概念。它始终只是一种观念形式，一种批评概念或美学概念。从对后现代主义功用的不同理解出发，学术界又将其存在形态划分为三种。第一，激进的后现代主义。其理论的主要特征是否定性，侧重于对旧事物的摧毁，以及对现代工业文明的批判。第二，建设性的后现代主义，其最大的特征在于建设性。面对现代主义的危机，其不是“袖手旁观”，而是侧重于积极寻求解决办法，重新建构世界的“蓝图”，因而其哲学带有更强的建设性、积极性和乐观性。第三，庸俗的后现代主义。其根本出发点是对前两种形态的简单化理解。

3.4.3 现代美学思想

1. 分析美学

狭义的分析美学始于 20 世纪 40 年代，广义的分析美学贯穿于整个 20 世纪的西方美学之中。分析美学将分析哲学运用于美学研究领域，重视对语言、概念、意义等的实证分析，属于 20 世纪广泛传播的经验主义思潮的一部分。分析美学强调美学命题的实证，认为古典美学中的命题不能得到实证。分析美学家认为不能实证的美学命题都是形而上学的命题，由于这种不可实证性，他们试图从知识论的立场上澄清形而上学的非理论性质。因此，分析哲学家认为：“形而上学的非理论性质并不是一种缺陷；所有艺术都有这种非理论性质，而并不因此使它们失去对个人和社会生活的价值。危险是在于形而上学的欺惑人的性质，它给予知识的幻象而实际上并不给予任何知识。这就是我们为什么要拒斥它的理由。”

分析美学总的倾向是反对给美学或艺术对象下定义。维特根斯坦说："凡是能够说的事情，都能够说清楚，而凡是不能说清楚的事情，就应该沉默。"这就给思想的表达划出了一条界线。在分析哲学中，系统性的比较成为识别和判断两类有相似性的事物的可循途径，进而成为美学研究的基本手段。犹如一个家族成员之间存在着的相似性，其相似性并不集中在某一个点上，例如，在一个家族中，共同点的不断出现和消失导致的结果不可能用一个共同的本质来定义它，美丽的世界就像这样的一个家族。当我们在一些艺术品上看到的具体形象特征在另一些艺术品上就消失了，这种不确定的美的呈现没有一个固定的本质，因而我们就无法给美下一个适应一切的定义，为此，美是在分析比较中出现，并且这种所谓的美的现象将永远是开放的，永远是变动的。这是现代分析美学最典型的美学思想。不难看出，分析美学摆脱形而上的思想规定，强调系统性的比较分析，对艺术品审美特征的开放性和不确定性的美学思想的认识已变为当今设计美学追求时尚创新的精神动力。

2. 符号论美学

卡西尔创立了"文化哲学体系"。伽达默尔说："卡西尔把新康德主义的狭窄出发点亦即自然科学的事实，扩展为一种符号形式的哲学，它不仅囊括了自然科学和人文学科，而且企图为作为一个整体的人类文化活动提供一个先验的基础。"卡西尔的符号美学充满了象征的含义，具有鲜明的现代人本主义色彩。卡西尔认为符号具有双重本性："它们与感性结合，同时在其中又包含着脱离感性的倾向。在任何语言记号中，在任何神话和艺术的形象中，本质上超出全部感觉领域的精神内容被翻译成可感觉的形式，成为看得见、听得见、摸得着的东西。”“人不再生活在一个单纯的物理宇宙中，而是生活在一个符号的宇宙中。语言、神话、艺术和宗教则是这个符号宇宙的各个部分，它们是织成符号之网的不同丝线，是人类经验的交织之网……他是如此地使自己被包围在语言的形式、艺术的想象、神话的符号以及宗教的仪式之中，以至于除非凭借这些人为媒介物的中介，他就不可能看见或认识任何东西。”

苏珊·朗格深刻地将情感与艺术之间的关系作为符号美学探讨的中心论题，主张艺术是一种情感的符号:“我们叫作‘音乐’的音调结构，与人类的情感形式——增强与减弱、流动与休止、冲突与解决，以及加速抑制、极度兴奋、平缓与微妙的激发、梦的消失等形式在逻辑上有着惊人的一致。这种一致恐怕不是单纯的喜悦与悲哀，而是与二者或其中一者在深刻程度上感受到的一切事物的强度、简洁和永恒流动中的一致。这是一种感觉的样式或逻辑形式。”为此，艺术在符号美学的世界中自然成为“人类情感符号形式的创造对象”。符号论美学中的文化含量和情感含量始终成为人类设计艺术所追求的双翼，设计美学就创造的本质而言就是人类文化符号的一种表达方式，就审美活动的多样性来说，它是人类情感的需求。因此，符号论美学成为今天设计美学整体哲学意义中最具表现色彩的美学理论之一。

3. 表现主义美学

表现主义美学是在西方新黑格尔主义的哲学思潮中建立起来的。新黑格尔主义接受柏拉图的传统，主张精神第一性，但却强调精神自身实践的作用，从价值判断描述实际存在，否认绝对精神和绝对物质的存在。克罗齐指出：“除了精神以外没有其他现实，除了精神以外没有其他哲学。”在他看来，现实本身就是精神辩证运动的体现，美学就是在现实序列的交错运动的各种阶段对精神活动不同形式的描述。克罗齐表现主义美学的核心命题是“直觉即表现”，具有三个鲜明特征：①表现的自卫性，即表现必须本身就是动因；②表现的完整性，即审美作品从构思到制作完成的全过程；③表现活动中精神的形象性，即形象在精神活动中本身的表现性质。

表现主义把审美和艺术活动中哲学思维的实质或内容都纳入直觉的表现之中，一方面体现出它的社会思潮特征，另一方面体现出艺术的表现风格。前者说明艺术活动的表现性是在社会的广阔性上得到艺术家个性创作思维的积极响应和对艺术审美新认识的层面上展示自己的美学特性的；后者旨在强调的是通过具体作品来展示创作者自身的审美观念，它最终被落实到以不同的直觉方式来确定不同的表现形式。因此，表现主义美学有着超越客观自然的精神力量。

4. 形式主义美学

形式主义美学是西方 20 世纪初至 50 年代较突出的美学流派，其中最引人注目的是英国的形式主义和俄国（苏联）的形式主义。

康德强调形式的审美功用，认为在一切美的艺术中，最本质的东西无疑是形式。形式主义美学作为一种学说在西方现代美学中起到重大影响的有英国美学家克莱夫·贝尔。其中“有意味的形式”既是他形式主义美学理论最核心的命题，也是整个现代西方形式主义美学的核心。他在著作中深刻地指出：“什么是圣索菲亚大教堂、卡尔特修道院的窗子、墨西哥的雕塑、波斯的古碗、中国的地毯、帕多瓦的乔托的壁画，以及普桑、皮埃罗·德拉、弗朗切斯卡和塞尚作品中所共有的性质呢？看来，可作解释的回答只有一个，那就是‘有意味的形式’。”

西方现代形式主义美学思想对当代设计美学的影响十分明显。任何一件被设计师精心设计的作品首先直接打动人心的力量就是来自作品的整体形式。当我们设法在作品中置入某些审美趣味时，就必须在直观的形式中找到发生趣味的知觉对象，这种对象不是指作品中的一点一线，而是指整个作品构成的视觉形式，只有在形式中我们才可以将趣味的浓度发挥到至极，才能直接感受到设计作品的趣味所在。事实上，从形式的实证意义上看，它在作品中所充当的角色是一种要素角色。

5. 心理学美学

鲁道夫·阿恩海姆在20世纪50年代写就《艺术与视知觉》一书，重点考察了艺术形式与人的视觉关系，通过对人的视觉简化机制的考察揭示视觉的性质，表明西方心理美学在艺术中产生的成效具有令人欢欣鼓舞的力量。他指出："如果我们看到了或感到了艺术品的某些特性，然而又不能把它们描写或表述出来，其失败的原因并不在于我们运用了语言，而在于我们的眼睛和思维机器不能成功地发现那些能够描写或表达这些特征的概念。""对于平衡的作用，我自己则有一种不同的见解。这就是一个观赏者视觉方面的反应，应该被看作是大脑皮层中的生理力追求平衡状态时所造成的一种心理上的对应性经验。"这种试图在美学中通过心理的辨析能力达到对艺术知觉力的升华成为现代艺术在美学上努力表现的最重要的方向。

在当代设计美学中，心理美学的成分愈加受到关注，因为设计美学的最终结果是要受到设计作品接受者的心理允诺。研究人类在特定时代特定环境中的心理变化，对于掌握设计定位和创意的方向以及内容至关重要。

6. 存在主义美学

存在主义在哲学上将探究的思想集中在人的自身和个体上，形成和传统哲学在某些概念上的对立。西方传统哲学中的世界、规律、必然和历史等概念成为其哲学思想的神韵与根基，而存在主义哲学却从对立中寻找承传关系，强调自我、自由、唯一、偶然、可能、本体这些与传统哲学对立的概念和范畴。因此，存在主义哲学成为西方传统哲学巨大变更的显著的现实标记。

海德格尔的哲学本体论的基本问题是“存在”的问题。所谓“存在”，是指人的存在。他将人的存在又称为“此在”，即“自我存在”。在他看来，世界的存在归根结底是个人自我的存在，所以必须以自我存在的结构去解释世界。以存在为思想基础的本体论哲学成为海德格尔美学的出发点。海德格尔认为艺术作品的本质不是物性，而是它的艺术性。艺术性体现为艺术作品是一个“人的世界”。他认为梵·高作品《鞋》的价值就在于画面中的农鞋超出了器具性存在的意义，他说：“从这双穿旧的农鞋里边那成年累月磨损出的黑魆魆的洞口，可以直窥到农人劳苦步履的艰辛。在这双破旧农鞋的粗陋不堪、窒息生命的沉重里，凝聚着那遗落在阴风猖獗、广漠无垠、单调永恒的旷野、田垄上的足印的坚韧和滞缓……这双鞋啊！它浸透了农人渴求温饱、无怨无艾的惆怅，以及战胜困境苦难的无言无语的内心喜悦；同时，也隐含了分娩阵痛时的颤抖。”海德格尔提出了“美是真理的显现”这一命题，表明了“真理”作为对存在之意义的体验的本质是自由，意味着人的存在的实现。

萨特指出：“存在主义的核心思想是什么呢？是自由承担责任的绝对性质；通过自由承担责任，任何人在体现一种人类类型时，也体现了自己……以及因这种绝对承担责任而产生的对文化模式的相对性影响。”在萨特的存在主义美学中，一个重要的命题是“艺术作品是一种非现实”，由此产生了审美距离，在这种“审美距离”的审美观照中，艺术作品产生了“纯粹的提示”，即对现实意义的表现，欣赏者则从疏远和束缚自身自由的东西中摆脱出来，最终获得自由的享受，自由成为萨特美学的核心。

存在主义美学强调艺术作品的非现实，将人的主体和作品的本体意义放到了一个自由的境界中加以探讨成为现代哲学美学的主要潮流。事实上设计美学无形中受其熏陶，它提示设计美学在解决人和物之间的美学和谐时应当寻找到最恰当的平衡点。设计的规定性和物质材料的制约性使其美学性质在人和物的对立统一中往往出现异化和分离的状态。因此，存在主义的意义对于今天设计美学的走向具有提示性的意义。

19—20 世纪是近现代科学与文艺最为繁荣与巨变的时代，千百年来固定的思维一直被打破，许多艺术家、设计师的创作灵感来源于此。

弗洛伊德的《梦的解析》挑战了宗教和神话的心理学，其研究表明，即使现实的压力巨大，人们的本我并没有被破坏，只是被压抑和隐藏了。本我的精神疾病的症状通过梦境、艺术、文学表现出来。萨尔瓦多·达利超现实主义的绘画作品更

图 3–28 达利画作《自恋》

是将奇思妙想表现得淋漓尽致，很多作品直接诠释了弗洛伊德的分析心理学。如图 3–28 所示，这幅图是萨尔瓦多·达利超现实主义的绘画《自恋》，它借用神话人物美少年纳西索斯的形象，表达自恋的主题，并通过相似联想的创作方法，画出了一只雕塑形状的手。

亚历山德罗·门迪尼 1931 年生于意大利米兰，被誉为“意大利后现代主义设计之父”，亦被称为“达·芬奇再世”。门迪尼是现代设计史上的关键人物，20 世纪下半叶，他在激进设计和后现代设计运动中起到杰出的作用，对设计领域产生了十分深刻的影响。他塑造了意大利知名设计品牌 Alessi 的产品形象，并创立了自己的设计杂志*Mode*。

门迪尼强调诗意生活，他认为家是私密的空间，充满美感、自由、和谐。于是家居设计应围绕这个哲学内化到家居各部分的设计，包括家居、空间。门迪尼认为要通过设计活动与设计对象进行精神对话，并赋予设计生命。

作为意大利工作室 Alchimia 的合作伙伴，门迪尼在自己的作品中融入了装饰和工艺。这些技艺都浓缩在 1978 年普鲁斯特扶手椅的设计中。这是一款洛可可复

图 3–29 普鲁斯特扶手椅

兴风格的扶手椅，装饰着点画笔触，体现了对现代主义和极简主义的刻意摒弃。门迪尼同时强调，灵感是往昔经验及设计体验的积累，灵感无处不在，透过不一样的设计材质、颜色，变换装饰，表达他的生活哲学理念。

门迪尼最具标志性的作品——革命性的普鲁斯特扶手椅，结合了巴洛克式的形状和点彩派的图案。如图 3–29 所示，这是艺术家保罗・西涅克的作品，其中一把由数百个手绘“点”组成。椅子的设计受到了法国作家马塞尔・普鲁斯特的灵感启发。多年来，椅子已被多次重新设计，特别是在 2015 年，由家具品牌 Magis 以塑料质地重新推出。

对于设计的研究，从文艺复兴之时就包含工具论和本体论两个方面，即设计不仅是手段，还是目的。在还原论的影响下，设计作为一种人类改造世界的创造性活动工具被逐渐系统化、科学化，在产品造型设计领域，尤以乌尔姆设计学院倡导的理性设计方法为代表。随着科学研究从关注自然规律到关注人为事物的转变，设计研究也开始关注设计本身，西蒙在《人工科学》一书中提出设计是“人为事物的科学”，标志着设计作为“科学”的概念与方法被初步确立。西蒙倡导“设计科学”的思想，认为设计科学是一门关于设计过程和设计思维的知识性、分析性、经验性、形式化、学术性的理论体系。进入 20 世纪 70 年代，设计的科学体系与方法受到了质疑，其中最主要的质疑在于设计活动的理性和非理性。由于设计研究的是人的行为与思维过程，用自然科学的研究范式来解决设计问题被认为是不合适的。矛盾集中反映在纯粹理性的设计方法，以及设计活动蕴含的理性与感性关系的冲突之上。作为设计研究倡导者之一的克里斯托弗·亚历山大就曾提出“设计方法研究无用论”，认为科学逻辑框架与设计过程的差异是不可逾越的。然而这正是还原论指导下的科学研究在面对复杂性问题时不可避免的矛盾，因为“整体大于部分之和”。不能机械地依靠将经验知识从个体案例中提取出来去解决具体的设计问题，并且设计问题的定义并不明晰，也不存在最优解，难以用“公式”去计算，设计的解可以说是概率上的选择，因而设计不能被纳入某种单一的知识框架。总之，设计是一个复杂的适应性问题。

第4章

从符号到系统

4.1 符号的本体意义和精神特质

4.1.1 符号的概念

1. 符号的范畴

一般来说，符号的范畴很广，但细究起来，符号范畴的内涵大致包含以下几个层面。

首先，从文化学层面来看，“符号”作为中国传统文化的产物，其含义必定有一定的历史积淀和约定俗成的惯例，并且显示出一种特定的文化内涵。中国古代符号论可追溯到易象。当然，《周易》中的“象”本是指卦象，是用来象征自然变化及人事情状的卦爻符号，是对自然界中的天地万物加以模拟、概括、整理，并最终通过卦爻的形式表现出来。

其次，在心理学的层面上，如果仅从“符号”的视觉基础和生成过程来看，符号的客观可见部分、想象虚拟部分，还有表达构绘部分都是在相互作用的，这是符号化表达的基础。

最后，从语源学上看，“符号”一词有着中国和西方两个源头。正是因为这两者的传统意识、思想体系以及历史成因的不同，反映出人们审美体验和艺术表达方式的明显区别。因此只要是符号，就需要言简意赅并可能被赋予一定的艺术性，有较强的适用性。

2. 符号的基本特征

符号具有三个基本特征：抽象性、普遍性、多变性。

抽象性即人能够从漂浮不定的感性之流中抽取出某些固定的成分，从而把它们分离出来进行研究。

普遍性是指符号的功能并不局限于特殊的状况，而是一个普遍适用的原理，这个原理包括了人类思想的全部领域。这一特性表明人的符号功能不受任何感性材料的限制，其意义具有相对的稳定性。由于每个事物都有一个名称，普遍适用就是人类符号系统的最大特点之一。

多变性是指符号不仅是具有普遍性特征，而且也是极其多变的。我们可以用不同的语言表达同样的意思，也可以在同一种语言内，用不同的词表达某种思想和观念，这就是符号的多变性。正如卡西尔所说："真正的人类符号并不体现在它的一律性上，而是体现在它的多面性上，它不是僵硬呆板的，而是灵活多变的。"

4.1.2 符号与符号学

符号学，就是研究符号理论的学科，其研究范围涉及符号的本质、特征和变化发展规律，符号的意义以及符号与人类活动之间的关系。美国学者培特斯说：“符号学既是一种批判研究的洞察力，又是一种方法论。在这个意义上，符号学完全可以作为检验我们的宇宙以及我们对宇宙的理解方式的一种构架。”①

人类对于符号的应用已有悠久的历史。早期的符号学研究主要以字母、电码、语言、交通标志为对象。到 20 世纪 60 年代，符号学已成为理论界的尖端课题。现代符号学融合逻辑学、语言学、哲学、人类学、心理学、社会学、生物学、传播学和信息科学等方面的方法和成果，研究领域涉及文学、艺术及人的心理反应与活动领域。马克斯・西斯克认为：“符号学将为我们提供一幅非常复杂而又非常详尽的概图，使我们能够从中确定任何一个涉及其他领域的、高度专门化领域的位置，迅速地告诉我们如何从这一领域转向另一领域，区别开那些尚待开发的领域和耕耘已久的领域……”②

---

①勃罗德彭特．符号・象征与建筑［M］．乐民成，等译．北京：中国建筑工业出版社，1991：88.

②章迎尔．符号理论与建筑的符号性［M］//高介华．建筑与文化论集．天津：天津科技出版社，2010：133.

符号学是研究符号的一般理论的学科。它用来研究符号的本质、符号的发展变化规律、符号的各种意义、不同符号之间以及符号与人类行为之间的关系。法国新托马斯学派哲学家马里坦曾说："没有什么问题像与记号有关的问题那样对人与文明的关系如此复杂和如此基本的了。记号与人类知识和生活的整个领域相关，它是人类世界的一个普遍工具，正像物理自然世界中的运动一样。"[①]

作为一门跨学科的元科学（指符号学家将符号学视为方法的方法），符号学的应用范围极其广泛，目前它已经应用到语言学、建筑学和工业设计等多门学科。它与建筑学中的后现代主义、解构主义的形成和发展有着密切的关系，对建筑艺术的研究产生了深远的影响。"符号化的思维和符号化的行为是人类生活中最富代表性的特征。"[②]

符号学发展至今，出现了很多流派，但现在被广泛采用的主要有以下几个流派的理论，它们构筑起了符号学的理论框架。主要包括以下四种理论：以语言中心论为代表的瑞士哲学家、语言学家索绪尔的结构主义符号学理论；美国符号学家皮

---

①吴风．艺术符号美学［M］．郑州：河南美术出版社，1999：98.

②巴特．符号学美学［M］．董学文，王葵，译．沈阳：辽宁人民出版社，1987：15.

尔斯的符号学理论；美国符号学家莫里斯的符号学理论；恩斯特·卡西尔和苏珊·朗格的符号学理论。

1. 索绪尔的符号学理论

现代符号学最早产生于20世纪初，是由瑞士哲学家、语言学家索绪尔首先提出的，这对于深层次研究语言学乃至符号系统都具有划时代的意义。1894年他正式提出符号学的概念，期望建立一种学科，使语言在其中能得到科学的阐释。索绪尔在其经典著作《普通语言学教程》中说："语言是一种表达观念的符号系统……因此，我们可以设想有一门研究社会生活中符号生命的科学……我们将它叫符号学。"索绪尔对符号"能指"与"所指"的界定开创了符号学的新纪元。索绪尔的这些主要思想不但为符号学理论奠定了基础，而且对相关学科产生了重要影响，特别是他的言语和语言系统理论对结构主义影响巨大。他的观点主要有以下四点。

(1) 符号系统。社会和个人都有着不同的符号系统，即社会的语言符号系统和个人的言语符号系统。前者较为普遍和恒定，后者较为特殊和多变，它们的根本区别在于语言系统是通过约定俗成的社会契约所公认的，而言语活动则是个人或少数人根据特殊习惯所使用的，他人无法理解或使用。

(2) 对符号的研究可分为共时性研究和历时性研究。前者探讨同一时空中符号的特征和规律，偏重横向研究；后者探讨符号的历时发展规律，偏重纵向研究。

(3) 符号与符号间的关系可分为符构关系和联想关系。索绪尔对此进行了解释，比如以希腊神庙的柱子而言，与它所支持的嵋梁，以及支持它的基座三者之间的关系，称之为符构关系。另一方面，若柱子本身是多立克样式，它可以使我们联想到其他样式的柱子，如爱奥尼克、柯林斯，这些柱子之间的关系，则称为联想关系。

(4) 符号本身的组成。符号由能指和所指构成。能指，即物体呈现出的符号形式，如声音、文字、设计出的产品等；所指，即隐藏在符号背后的意义。它们之间具有约定关系，这是索绪尔符号理论的中心。而正是能指与所指构成了事物成立的两面性。所指还分为两种类型，即指示物和意义。它们和能指一起构成了经典的“语义三角形”。英国学者奥格登和里查兹在其著作《意义之意义：关于语言对思维的影响及记号使用理论科学的研究》中提出了符号情境图解，即著名的语义三角。他们在索绪尔能指和所指的基础上增加了一个实物要素，即指涉物。他们认为，意义就是使用符号的人之间的关系，人们用符号来相互传达他们关于周围世界的思想。奥格登和里查兹否认了那种认为符号情境仅为符号和思想之间关系的说法，而认为符号意

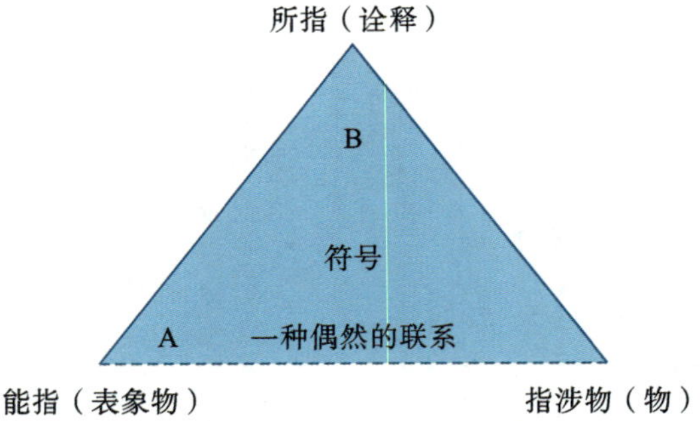

图 4-1 形式与实物之间关系图

指某对象，并且使人想起那个被意指对象相应的思想和内容。符号的形式（即能指）和实物（即指涉物）间存在间接关系，只在特别情况（即二者具有某种相似性时）下，二者才会有直接的关系，如图 4-1 所示。

定义出如此三个概念是为了分析上的便利。事实上，这三者是密不可分地联系在一起的，是三元一体的。

2. 皮尔斯的符号学理论

美国符号学家皮尔斯，几乎与此同时提出建立一门符号学理论，他称之为 semiotic。他说："虽然我们不能说宇宙是完全由符号构成的，但可以确定的是，这个宇宙是渗透于符号里的。"①

皮尔斯着重对符号进行逻辑、科学的划分，形成了较为完整的符号学体系。他对符号学给予了确切定义，对符号学种类进行了划分和描述。

按符号本身的组织形式，他把符号分为以下三类：①性质符号，此符号系统由单一元素组成；②事实符号，此符号系统由多种元素组成；③通用符号，此符号

①张宪荣．设计符号学［M］．北京：化学工业出版社，2004：51．

系统由多种元素按一定法则组成。

按符号能指、所指的相互关系，他把符号分为以下三类：①图像符号，即符号能指与所指具有形象相似的特征，如照片和人、地图和城市；②指示符号，即符号能指与所代表事实具有因果关系，如箭头与方向、风标与风向；③象征符号，即符号能指与所代表事实存在约定俗成的关系，如十字架代表基督教。

按符号的诠释深度，他把符号分为以下三类：①直觉式符号，此类符号由于缺乏任何资料的说明，人们对它的阐释只能做直接的主观判断，因而无法有客观定论；②实证式符号，此类符号有实证资料辅助，人们因而能够对它做客观的诠释；③解析式符号，此类符号涉及文化、社会、历史、传统的复杂作用，人们因而能够对它作出完整的诠释。

一般认为皮尔斯是与索绪尔同样重要的现代符号学的奠基人，尽管他们对符号学理论的称谓不太一致，但两者提出的主要精神是一致的。

3. 莫里斯的符号学理论

莫里斯综合了奥格登、理查兹和皮尔斯的符号学理论，建构了一种符号学科学，并指出符号学是由符构学、符义学和符用学三部分组成的。其中符构学主要研究符

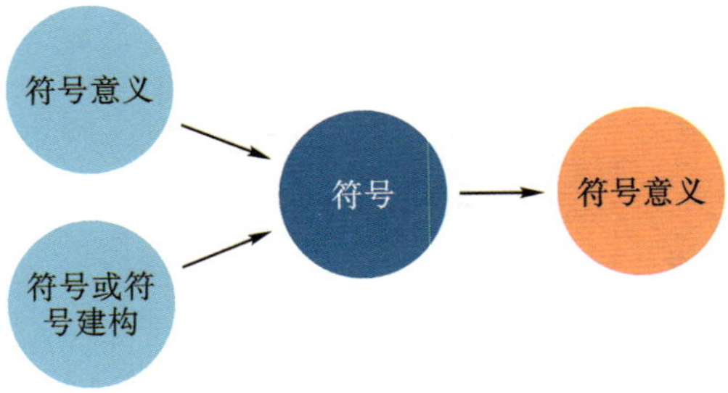

图 4-2 莫里斯符号学基本框架图

号的组成，即组织结构；符义学是对出现的各种形式符号的表征意义的研究；符用学则着重对符号的起源、使用、表达功能及其建构的人际关系进行探讨 (见图 4-2)。

4. 卡西尔和苏珊·朗格的符号学理论

在卡西尔看来，人是符号的动物。人类所有的精神文化都是符号活动的产物，人的本质即表现在他能利用符号去创造文化。一切文化形式，既是符号活动的现实化，又是人的本质的对象化。作为卡西尔的学生，苏珊·朗格完善了他的这种符号形式哲学，并特别形成了艺术符号学理论。苏珊·朗格说："艺术是一种符号、一种生命符号、一种不可分割的生命符号，它在任何情况下都是指整个艺术，而不是某一件艺术品。" 她把文艺作品作为一个符号整体来分析和理解，文艺作品就是艺术符号，也是一种符号系统。这个符号系统，表征的不是个人情感，而是人类的普遍情感，它是人类普遍情感的物质载体。她还进一步论证了形式与情感的关系，认为在审美和艺术中，形式本身是表现性，艺术的特征在于它是一种"表现性形式"。

苏珊·朗格还区分了艺术符号和艺术中的符号的不同，并进一步提出了艺术是人类情感的符号创造，它是"一种非理性的和不可用言语表达的意象，一种诉诸直接的知觉的意象，一种充满了情感、生命和富有个性的意象，一种诉诸感受的活

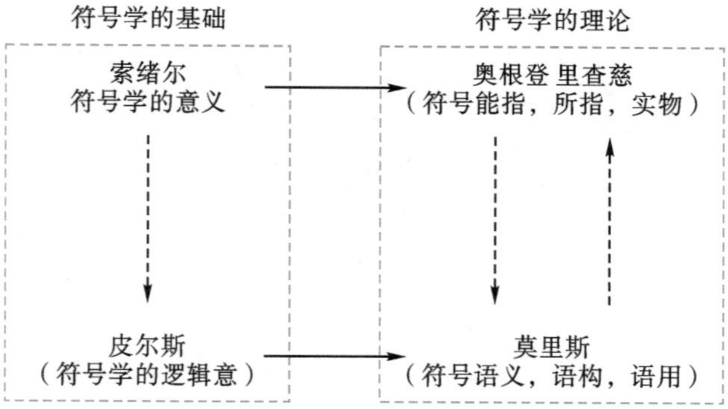

图 4-3 符号学基本理论框架图

的东西”。卡西尔创立了“文化哲学体系”。伽达默尔说：“卡西尔把新康德主义的狭窄出发点亦即自然科学的事实，扩展为一种符号形式的哲学，它不仅囊括了自然科学和人文学科，而且企图为作为一个整体的人类文化活动提供一个先验的基础。”卡西尔的符号美学充满了象征的含义，具有鲜明的现代人本主义色彩。卡西尔认为符号具有双重本性：“它们与感性结合，同时在其中又包含着脱离感性的倾向。在任何语言记号中，在任何神话和艺术的形象中，本质上超出全部感觉领域的精神内容被翻译成可感觉的形式，成为看得见、听得见、摸得着的东西。”“人不再生活在一个单纯的物理宇宙中，而是生活在一个符号的宇宙中。语言、神话、艺术和宗教则是这个符号宇宙的各个部分，它们是织成符号之网的不同丝线，是人类经验的交织之网……他是如此地使自己被包围在语言的形式、艺术的想象、神话的符号以及宗教的仪式之中，以至于除非凭借这些人为媒介物的中介，他就不可能看见或认识任何东西。”符号学基本理论框架图如图 4-3 所示。

4.2 设计语言从符号到体系

4.2.1 设计符号及其根源

运用符号学的分析方法，对设计的整个研究过程有以下步骤。

首先研究对象符号化。把研究对象抽象成符号和符号系统，以间接的方式来表现这些对象，如建立“建筑部件—建筑物—建筑群—城市—区域—国家”这样一个类似于“词—句—段—节—章”的文字语言结构的符号化模式。

然后寻找与之对应的概念。模拟它们的形式结构，例如分析符号形式与意义之间的关系和符号的编排规则（类似于文字语言中对词意和语法的研究）。

最后研究“写作问题”，即在现代条件下，如何运用已有的“语言”表达新的语义，创造新的“语言”来表达传统的观念。

正是符号学这门现代学科于20世纪末呼唤我们回归苏格拉底。历史再次证明，人性首先表现于其语义质询的本能中，即为求其明晰，非为促其含混。将简约而又复杂的语义，以传统而又时尚的语构，运用于现代艺术设计中，从而创造出个性化、人文化的全新设计符号，这是设计符号理论研究的根本任务。

研究表明，人类的意义符号化进程是一个由低级到高级的发展演化过程。由于图形、文字符号可以保存下来并传之久远，这便为我们借助历史学和考古学的材料研究意义符号化的历史进程提供了可能。一般说来，意义符号化大致上经历了由动作语言到话语，由话语到图画文字，由图画文字到象形文字，由象形文字到拼音文字，由拼音文字到电子媒介这样一个过程。但总体来说，人类符号语言主要包括动作语言、文字语言、图形语言。

1. 动作语言

动作语言是人的有意义的动作体系，如伸出两个指头、耸耸肩、翘起大拇指，都有自己明确的含义。关于动作语言的特征，我们可以发现以下最基本的三点。

首先，动作语言是一种瞬时传播的意义符号。动作符号与它所产生的视觉效果在时间上几乎是同时发生的，即动作结束，思维过程及思维内容的传递过程也随之结束。动作语言这种以人体各部分的一般运动所表达的思维只能在面对面的交际活动中存在。它是一种动态的、现时发生的意义传递活动。由于动作符号不能像文字符号那样将所要传达的意义凝结在自身中保存下来并使其传之久远，因此动作符号一般无法超越自身所在的时空界限，这便是动作语言的瞬时性特征。

其次，由于和所表达的意义之间没有中介性的联系环节，因此动作符号是一种表意性极强的符号。与借助于语言、文字、图形所进行的思维操作过程相比较，动作符号与它所要传达的意义之间的联系是直接的。因而，了解了一个动作符号，便很容易了解它所包含的意义，如微笑总是表示愉悦，而皱眉常常表示不快。这种情况表明动作语言实质上是下意识的流露，很少修饰与伪装，因而表意性强。

最后，动作语言是原初意义存在的表征。在以往的符号理论研究中，人们所关注的大多是文字符号的意义。然而，文字符号的意义基本上是第二性的，它只是对主体过去的反映情景的记录。

2. 文字符号

关于文字,《现代汉语词典》(第7版)给出的定义是:“①记录语言的符号系统,如拉丁字母、汉字等;②语言的书面形式,如汉文、英文等。”汉代学者扬雄在《法言·问神》中提到:“言,心声也;书,心画也。”这里的“书”就是文字的意思,意思是文字是心之画符。许慎在《说文解字》中提到最初创造的文字是按照物体大概的样子画出的形体,后来加上了读音后才叫作字。综上所述,我们可以认为文字符号从狭义上讲,是指可以还原为人类语音语言的记号,但是从广义上讲,我们可以认为包括符号和各种象征记号在内的视觉记号体系,都可以归于文字。

文字符号的功能作用不仅体现在记录信息与传达语言上,在体现记录信息与传达语言的应用中,我们所熟知的文字符号往往会根据不同的目的被人为地做出一些改变,这些改变使得人们所见到的文字符号显现得更富意味。而在文字符号的实际应用过程中,文字符号除了具有记录信息与传达语言的功能外,又常常能表现出某种装饰感、象征性或图形意义,甚至还带上了一种艺术设计的痕迹,具有一种审美的功能。在这样的情况下,文字符号超越了其记录信息与传达语言的符号功能而成为艺术,甚至起到了文化传承的作用。

图 4–4 日本设计师石冢埈设计的海报

东西方的任何文字符号，其最基本的功能就是信息传递。在没有文字符号的年代，人们通过古代人类的生活用具和住所遗迹等资料或者是口传下来的故事等，推测和分析古代人类的生活情况。但是，要想真正正确地了解古代人类具体的生活方式和思考内容，只有通过文字符号的记录。同样那些口口相传的人类知识，也只有通过文字符号才得以进行系统的整理和积累。在设计领域，信息的传递功能自然也作为基础功能。设计师运用文字符号的信息传递功能，短时间内能够使消费者一目了然、通俗易懂和全方位地了解一个产品。图 4–4 是日本设计师石冢埈设计的海报作品。画面中运用文字符号进行视觉的传达，不仅信息传达准确，而且带有较强的审美性。

3. 图形符号

当图形被赋予一定的意义时，可称之为符号。对于符号来说，当意义被赋予在行为中时，可称之为行为符号；当意义被赋予在图形上时，则可称之为图形符号。图形是视觉传达的主要形式之一，图形作为一种交流信息的媒介，是为了传播某种概念、思想或观念而存在的。图形符号超越了文字上、时间上、空间上的限制。通过特定的媒介传递信息，不仅赏心悦目，还能洗涤心灵，极具传播力和教育感化力，可以向人们更多地普及知识，具有视觉传播的意义。

首先，文字符号与图形符号不同，文字符号受视觉传播的把控是间接的，因此，当我们面对一段文字符号时，视觉传播的是字形，心灵接收的是概念。概念源于语言，语言源于字形，语言不具有直观性，它的本质是一种线条的组合和声音的连续，而将字形转化为概念并为人所需，这需要一个通过语言转换的复杂过程。但图形符号则不同，它可以直观地传达世界的感性存在，直接且有感染力。

其次，图形符号作为一种形象传播物，将其承载的信息能够准确地传递出去，并且不失其本意。而相对于文字符号，若要用文字来记录生活、表达感受，想要精确表达往往需要花不少的工夫编辑，往往长篇累牍，接收者理解起来也受到不同地区语言的限制。

再次，图形符号具有较高的识别性，观物取象作为一种人类本能，是人类透过现象看本质的方法。图形符号精确形象，更加具有直观性，容易识别，便于人们理解和记忆。

最后，文字符号具有历史性特征。每个民族都有自己独特的语言，这成为世界各国人民之间沟通交流的障碍之一。而图形符号的视觉元素大都来自人类生产生

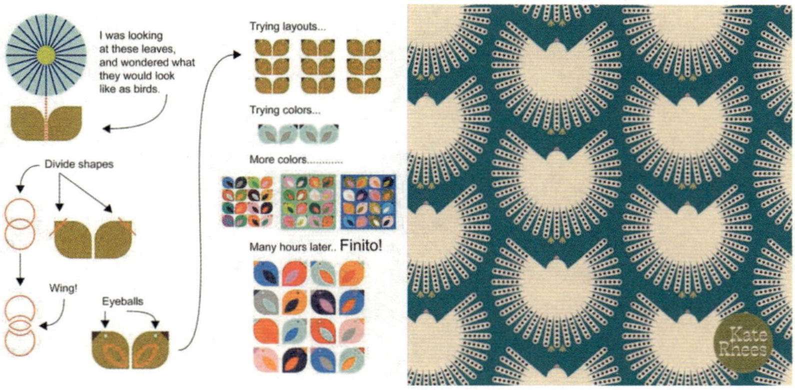

图 4–5 Kate 的图形图案符号设计

活，因此它是世界性的、相通的，可以跨越国家民族间的语言障碍而进行交流传播。从广义上说，图形可以超越国家民族间的语言障碍进行广泛传播，但这并不是绝对的，图形符号也会因不同地域的生活习惯和历史不同而具有一定的民族性，如民间图形、文字图形等。

Kate 是一位美国的设计师，她痴迷于图形图案设计，她的个人主页上传的作品都是整整齐齐的图案设计。她的作品大多以鸟类和植物为主，可应用于点缀壁纸和布料。她的图案几何性强、配色和谐、设计元素重复排列，画面可引起强烈记忆性和舒适度 (见图 4–5)。

4.2.2 设计语言文化符号

1. 观念符号和实体符号

设计语言的复杂性文化符号通常表现在观念符号和实体符号这两大层面，它们共同构成了设计语言文化符号的全部内容。

观念符号和实体符号的关系如下：对观念符号的识别必须依靠实体符号而进

行，实体符号是在观念符号的影响下呈现出风格的价值。观念符号属于文化的深层形态，实体符号属于文化的表层形态。深层与表层形态构成了设计文化符号的正反两面及其整体面目。

在设计中，人类审美观念的变化促使设计美感的文化符号意义变成设计活动中生命活力的显现。这就提醒我们，一方面要关注人类文化符号的意义，另一方面不能忽视由设计观念导致其艺术风格上的变化。

抽象与意象两种观念性符号在哲学高度对设计美的本质作出肯定和概括。在符号系统中，设计形式始终成为强烈的表现因素，苏珊·朗格认为："不代表任何事物的艺术作品如楼房、图案、织锦等，怎么能叫作意象呢？当它呈现出纯粹诉诸人的视觉，即作为纯粹的视觉形式而与实物没有实际的或局部的关联时，它就变成了意象。如果我们完全将其看作是直观物，我们就从它的物质存在中抽取了它的表象。以这种方式所观察到的东西，也即成了纯粹的直观物——一种形式，即一种意象。它离开了它的实际背景，而得到了不同的背景。"①

①朗格．情感与形式［M］．刘大基，译．北京：中国社会科学出版社，1986：8.

由此可见，抽象和意象通过艺术作品呈现出来的形式可以升华到理想的精神境界，意象性和文化意义上的观念性在共同的思想背景和审美状态下能实行恰当的连接，使形式意象成为向抽象性文化符号过渡的中介元素。

对设计实体符号的创造是观念符号的直接体现。创造性只有人类才能具备，人类以外的动物世界只能在“信号”的范畴中徘徊。这是人与动物在创造性上的根本分野。卡西尔指出：“为了清晰地说明这个问题，我们必须仔细地在信号和符号之间作出区别。在动物的行为中可以看到相当复杂的信号和信号系统，这似乎是确定不移的事实。我们甚至可以说，有些动物，尤其是驯化的动物，对于信号是极其敏感的。一条狗会对其主人行为的最轻微变化作出反应，甚至能区分人的面部表情或人的声音的抑扬顿挫。但是，这些现象远远不是对符号和人类言语的理解。……信号是‘操作者’，而符号则是‘指称者’。信号即使在被这样理解和运用时，也仍然有着某种物理的或实体性的存在；而符号则仅有功能性的价值。”设计语言在文化符号的意义上能够直接体现出美的创造性价值，这种价值使我们的心灵愉悦，让智慧到达更高的美的精神观照层面，进而在以自由与独立为内涵的现代人文精神领域进一步塑造出设计文化符号的时代特性，并将一切生活中的琐碎现象消融在强烈的时代设计风格中，创造出具备精神符号的价值之美。

2. 设计语言符号的表达

(1) 设计语言符号的细节表达。设计作为文化符号来理解，其传达和使人领会的信息对象依靠的是“视觉语言”(即符号)。对于设计中的艺术和想象来说，“艺术就是陈述细节，而想象则是精通代码”。细节是艺术设计中千差万别的形式语言，是设计作品无限丰富性的需求，是一切技术因素在审美表现中的艺术处理方式，是设计师和接受者审美情感凝聚方式的巧妙之处，是设计过程中精彩的方案。细节是形成艺术表现力的意味之源，无穷的设计作品的细节能够构成无穷的审美想象的结果。为此，设计语言的细节表达是直观形式语言的根本，是表象化的语言情节的视觉性描述。

荣久庵宪司被誉为“日本工业设计之父”，比起原研哉、深泽直人、川久保玲、山本耀司等当下享誉全球的日本设计师而言，荣久庵宪司的名气可能并不被圈外人所熟知，但这并不代表他和他的作品距离我们非常遥远。相反地，这个在二战后日本社会中第一时间倡导“物品民主化”“美的民主化”的设计师，恰是在最日常的细节当中，改变当代社会生活的人。他是引领日本工业设计几十年的设计大师。“龟甲万酱油瓶”是荣久庵宪司的代表作品之一，这个酱油瓶让万字酱油在市场上大热，全日本人提起酱油就会想到“万字”，据说当时一共卖出了4亿瓶。在1961年以前，

左：图 4-6 龟甲万酱油瓶 1 荣久庵宪司
右：图 4-7 龟甲万酱油瓶 2 荣久庵宪司

日本的酱油都是装在 1.8L 的大瓶子里，不仅笨重难看，而且不易保存。发现这个问题的荣久庵宪司，设计灵感来自他对母亲下厨辛苦的体恤，首先改良出易拿取的小瓶身，并将瓶嘴向内部倾斜，防止使用中酱油滴漏；其次，为了方便拿取，设计了线条优美的颈身；再次，利用透明瓶身让使用者能清楚看到酱油的剩余量；继而，放大的底部则使酱油瓶可以被安稳地放置；最后，通过红色的瓶盖设计，传达酱油的美味以及产品贴心的温度 (见图 4-6、图 4-7)。

(2) 设计语言符号化的想象力表达。想象是现实的镜像世界，它超越于现实。想象处于人的内在的心理层面，隐蔽就成为想象的一大特征。因此，想象是个很难加以定义的概念。首先，我们应注意不要把它与想象或意象相混。意象仅是想象的一种类型，它是产生和体验想象的过程。想象是心灵的一种能力，是心灵在有意识的和清醒的状态下产生或再现多种符号功能的能力。想象是设计活动的前提和先驱，当想象和与之相随的加工润饰等条件结合起来时，各种预想的创造就会在物质上找到最合适的载体，进而变成理想的创造性作品。

坐落于新加坡市中心的皮克林宾乐雅酒店凭借其创新的花园酒店概念及多样

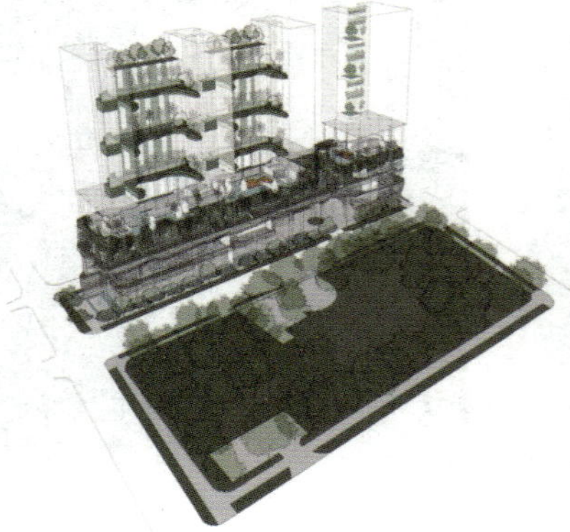

左：图 4–8 皮克林宾乐雅酒店（外观）
中：图 4–9 皮克林宾乐雅酒店（效果图）
右：图 4–10 皮克林宾乐雅酒店（挑空）

化节能设计，备受关注（见图 4–8）。整个建筑的绿化率达到了惊人的 75%，设计师使用了“叠三明治”的手法，让每一层级都有独立的空中花园（见图 4–9）。酒店的基座设计受盆景的启发，用当地的石材堆叠出人造山林，呼应了周边街景的尺度。12 层的酒店被抬高在一个 5 层楼高的大平台上，从空中花园还能看到北边的公园，像是公园的延伸。平台的形态借鉴了侵蚀岩石的肌理，超大的挑空缓解了高层与城市空间的紧张关系（见图 4–10）。它用恰当的体量和无处不在的绿色，对新加坡的城市特质做出了回应。

(3) 设计语言符号化的文化表达。视觉语言是视觉文化的标志，而视觉文化在很大程度上是由意识形态和外部世界的连接起作用的。“思想由对符号体系的建构与操作构成。符号体系构成了其他系统——物理的、有机的、社会的、心理学的等模式，其他系统的结构在顺利的情况下，在系统被期待运作的方式中得到理解。”文化资源的丰富性激励着视觉思维在审美活动中不断地走向创新。格尔茨指出：“不管还有什么别的区别，所谓的认知与所谓的表达的符号或是符号体系至少有一点是相同的：它们都是外在的信息源，依靠它们，人类的生活才能模式化——感觉、理解、判断及操作这个世界的超人的机制。文化模式——宗教的、哲学的、美学的、科学的、意识形态的‘程序’，为组织社会和心理过程提供了一个模板，非常像遗

左：图 4–11 器物之侘寂美 1
右：图 4–12 器物之侘寂美 2

传机制为组织心理过程提供了一个模板。”由此可知，是文化的符号化意义通过内部和外部双方的有机连接为设计的全面性增添了色彩。20 世纪现代主义的西方绘画受符号学美学影响的结果，并构成了整个时代艺术风格的强音。

侘寂美学是日本重要的美学观念，“侘寂”一词，源于 15 世纪的日本茶道。在日本的文化中，我们从中发现茶道几乎与“禅”彼此交融，即所谓“禅茶一味”。可见侘寂的美学精神也与禅宗思想高度融合。

寂，原指随着时间流逝逐渐劣化的意思，犹如汉语中的“死寂”，之后逐渐演变出一种对光阴流逝带来的“无常”的精神感受，因此，它常带有一种悲伤的意味，也有残缺之美的意思。侘寂思想认为，事物具有不完美的特点，它主张给器物的发展留有余地。在日本经常能见到不完整、有残缺的器物设计，这与中国的月满则盈、水满则溢的思想极为相似。因此，侘寂的特征包括不对称、粗糙或不规则、简单、经济、低调等，强调随着时间的推移，一件事物渐渐剥落其表象，流露出本质，而这些被留下的东西是美好的，表现的是沉静、自然、和谐的美感。器物的拙朴之意，体现在其未曾雕饰、浑然天成的气息里。拙朴之器，散发出来的一种朴素美：温厚、朴实、自然，让人一眼就觉得它原本就应该是这个样子的 (见图 4–11、图 4–12)。

因此，设计的文化符号意义在于它以美学本质为出发点，采用设计思维和视觉语言的对话方式呈现出视觉的美感。卡西尔指出：“在人类世界中，我们发现了一个看来是人类生命特殊标志的新特征。人的全部功能仅仅在量上有所扩大，而且经历了一个质的变化，使自己适应于环境方面，人仿佛已经发现了一种新的方法。除了在一切动物种属中都可看到的感受器系统和效应以外，在人那里还可发现称之为符号系统的第三环节，它存在于这两个系统之间。”由此可见，对于设计美感来说，人类文化的符号系统不仅标志着人首先具备了一种超越一般视知觉的审美能力，而且能够运用文化符号的系统环节连接不同环境条件下创造出来的设计成果。

4.3 设计美感的符号化特征

4.3.1 设计美感及其根源

设计美感是设计活动及其成果所赋予人的美的感受，这种感受是人在对产品的使用和观照中所获得的视觉上、生理上和心理上的愉悦感。钻石的规则造型、宝石的夺目色彩、玉石的温润质地、丝绸的顺滑柔软、紫砂的沉稳幽雅都能带给使用者多方面的美的享受。

从历史上看，设计美感是在社会生产实践活动中孕育的，人造工具则是设计美感得以产生的直接基础。在制造工具的漫长岁月中，人和工具之间建立了联系，通过对工具的不断改进和调整，满足人不断变化的需要。在此过程中，人们慢慢摸索出易于操作、能够提高生产效率、减少伤害的工具的基本样式、质地和结构。这些工具的使用提高了生产效率，节省了时间和体力，人们从而对具有这类形式的工具产生喜爱的感情。因此，造物设计促成了早期人类美感的产生。

设计美感是在对设计产品的使用中获得的，它既不同于吃、喝等纯生理性的快感，亦不同于听、观、想、悟等纯艺术性的美感，而是两者的结合。在使用设计产品时，眼、耳、鼻、舌、身、意诸种感觉所获得的愉快，都属于设计美感的内容。简言之，设计美感既包括视觉、听觉上的美感，亦包括触觉、嗅觉、味觉上的美感，还包括心理上的美感。不同于一般的艺术形式仅仅诉诸人们的视觉或听觉，设计艺术诉诸人们的视觉、听觉、触觉、嗅觉、味觉等全面的审美感官。它不仅有视觉美感，也有听觉快感，还有触觉上的舒适感，嗅觉、味觉上的快适感。

设计美感的特点主要表现为以下几个方面。

右：图 4–13 榉木黑柄不锈钢餐具

1. 功利性

功利性是指设计美感是建立在产品实用性基础之上的，离开了实用性这一产品设计的根本原则，设计美感的存在就缺少合理的基础。一件无实用价值而徒有其表的产品，是无法让人产生美感的。

柳宗理被誉为二战后日本工业设计第一人。他在冰冷的生活器具设计中寻找设计所富有的生活气息，在他的设计中注重功能性和舒适度。他的观点如下：①美是有用的，好的设计一定要符合日本的美学和伦理学，表现出日本的特色；②设计的本质是创造，设计的使命是创造出比过去更为优越的产品，模仿不是真正的设计；③传统本身即来自创造，好的设计如脱离传统是不可想象的；④真正的设计要面对现实，迎接时尚、潮流的挑战。如图 4–13 所示，简单的构造、流畅的线条是日本传统的审美意识与现代西洋元素的融合，同时也诞生了适应新时代生活理念的产品。

2. 多感觉性（复合性）

设计美感的表现是基于多种感觉的，因而它是多种审美感觉的复合体。在设计产品中，设计美感可以诉诸视觉、听觉、触觉、嗅觉、味觉等多种感觉，也是多种感觉的综合体验。

左：图 4–14 中银舱体大楼
右：图 4–15 中银舱体大楼

黑川纪章是第二代日本建筑师，他曾和矶崎新、安藤忠雄并称日本建筑界三杰。黑川纪章在建筑创作和城市规划中始终遵循的命题是：用最新的材料、最先进的技术表达传统的思想、哲学、美学、信仰和生活方式，将不同文化的同一性和当代建筑结合起来，而且这种表达能够被世人所理解。黑川纪章的主要代表作是中银舱体大楼。该建筑最高部分有 13 层，由 140 个大小相同，内部配置也无异样的集装箱居住单元拼接而成，所有的盥洗室、厨具、家具等基本生活设施全部收缩在一个 2.3m × 3.8m × 2.1m 的舱体中。在工厂预制成基本单元组件，搬运到施工现场并安装在建筑中心轴上。通过多种感觉的综合体验，人们体会到建筑如同生命一样，也会经历出生、成长、变化、衰亡的过程，如图 4–14、图 4–15 所示。

3. 愉悦性

审美体验最重要的特点是审美愉悦。美学家李泽厚将审美愉悦分成三个等级，从低到高分别为悦耳悦目、悦心悦意、悦志悦神。设计美感以悦耳悦目为基础，悦心悦意为目标，但设计美感又不止于悦耳悦目，还要悦手、悦体、悦鼻、悦口等。艺术美感则以悦心悦意为基础，悦志悦神为目标。

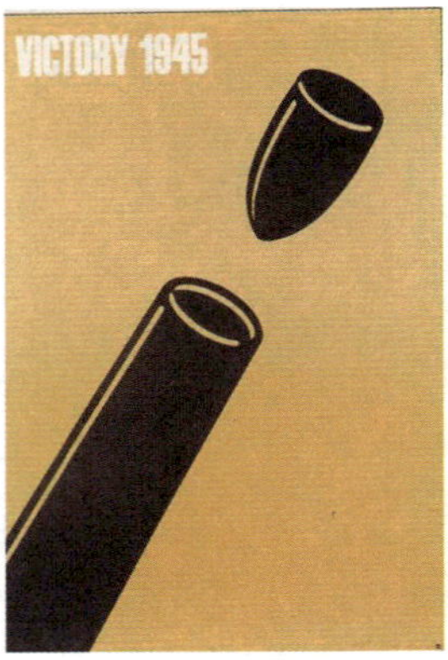

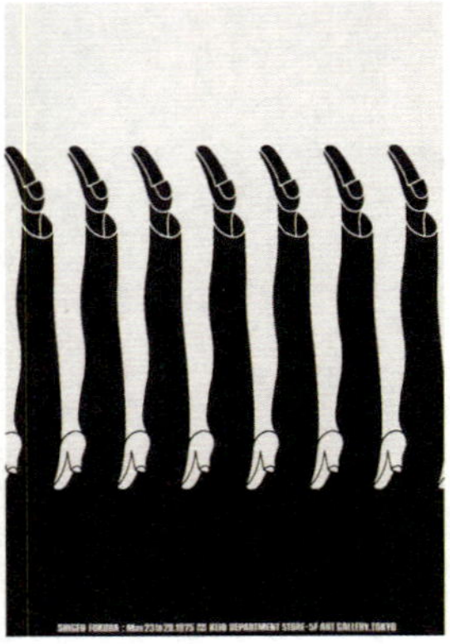

左：图 4–16 海报《1945 年的胜利》 福田繁雄
右：图 4–17 海报《日本京王百货宣传》 福田繁雄

福田繁雄是日本当代著名的平面设计家，他既深谙日本传统文化，又掌握现代感知心理学。他的作品紧扣主题、富于幻想、令人着迷，同时又极其简洁，具有一种嬉戏般的幽默感。他善于用视幻觉来创造一种怪异的情趣。福田繁雄与冈特·兰堡、西摩 · 切瓦斯特并称为“当代世界三大平面设计师”。他善于运用图底转换、矛盾空间等错视原理，以单纯简洁的元素、诙谐幽默的形式，创造出富有哲理性思维的视觉世界。福田繁雄的海报语言简洁、幽默、巧妙并深刻，常以简练的线和面构成，具有强烈的视觉张力，充分显示了他对图形语言的驾驭能力。

海报《1945 年的胜利》(见图 4–16) 是福田繁雄的代表作品之一。这是为纪念二战结束 30 周年而设计的海报。画面采用类似漫画的表现形式，创造出一种简洁、诙谐的图形语言，描绘一颗子弹反向飞回枪管的形象，讽刺发动战争者自食其果，含义深刻。

在 1975 年为日本京王百货设计的宣传海报中 (见图 4–17)，福田繁雄就开始利用“图”“底”间的互生互存的关系来探究错视原理。作品巧妙利用黑白、正负形成男女的腿，上下重复并置，黑色“底”上白色的女性的腿与白色“底”上黑色的男性的腿，虚实互补，互生互存，创造出简洁而有趣的效果，其手法为“正倒位图底反转”。

4.3.2 设计美感的表象性符号

S. 阿瑞提曾经指出："创造活动可以被看成具有双重的作用：它增添和开拓出新领域而使世界更广阔，同时又由于使人的内在心灵能体验到这种新领域而丰富发展了人本身。……一幅绘画新作、一首诗歌、一项科学成就或哲学认识都能在未知的大海中增添一些看得见的岛屿，这些新岛屿最终能构成稠密的群岛，亦即人类的各种文化。所以对任何创造的产品都必须要从两个方面来考虑：一方面，它自身就是一个整体；另一方面，它又是作为一种特定文化的组成部分或者是人类一般文化财富的组成部分。"由此可见，经过设计获取的美在某种程度上能够揭示出人类顺应自然发展的规律，不断从自然生态的美感现象中汲取创造的灵感，以圆润、和谐的心境通过造物表达出人类文化符号的复杂性特征。

格尔茨将社会行为的符号现象分成不同的层次，其中艺术被排列在众多符号之首。他指出："正视社会行为的符号层次——艺术、宗教、意识形态、科学、法律、道德、常识——并非是逃避生命的存在难题以寻求某种清除了情感之形式的最高领域；相反，这正是要投身于难题之中。""就文化模式，即符号体系或符号复合体而言，它的类的特征对我们就是第一重要的，因为它们是外在的信息资源。""在现代文化发展中，美学的第一个文化功能是对以自由与独立为内涵的现代人文精神的阐释和张扬。艺术的自律性之所以成为美学的一个基本原理，其根本原因就在于它对于现代人文精神的基本象征意义。”设计虽然不属于纯粹的艺术，但艺术成分始终贯穿于设计的美感之中，正因为如此，艺术的自律性因素和表达人类审美的自由精神只有在视觉和精神混合的复杂符号体系中才能真正呈现其美学价值。

卡西尔指出：“符号化的思维和符号化的行为是人类生活中最富于代表性的特征，并且文化的全部发展都依赖于这些条件，这一点是无可争辩的。”他将人类的创造活动和一切与之相关的设计行为都概括在文化的符号体系之内，意味着把人的思维设置在一个高度抽象的空间环境中，进而达到观念上的一致，呈现出人生态度和理性概括的高度统一。

在现代西方心理美学的描述中，对外部形态关注的程度之所以愈加强烈，原因在于物的外部形态对人的心理影响十分关键。就设计而言，这种关键性落到产品的形态、色彩中，通过其有序或者无序的结构直接影响着人的心理快感。所以，关注设计的表象美，一方面是为了尽量近距离地对作品进行直觉的识别；另一方面，在对作品进行欣赏的过程中能够获得感受作品视觉表象美的经验。

当我们在欣赏产品或作品过程中能够获得新颖而又愉快的感受时，我们的精神状态就会随之感到饱满和兴奋，并且在这舒畅的精神乐园中容易留下深刻的记忆，这是因为产品或作品表象向我们的视知觉提供了美好的感性信息。

左：图 4–18 带凹槽的伞 深泽直人
右：图 4–19 “三宅一生”手表 深泽直人

深泽直人是“无印良品”的代表设计师，他设计的作品中蕴含的卓越的造型美、寂静的力量感广受肯定。“与行为相应的设计”“意识的中心”“普通”“轮廓”“典型”是深泽直人对于设计思想的关键词。他认为设计师要具有揭露事物本质的能力、思想与表现力，并发现人类无意识的行动中隐藏着设计原理。如图 4–18 所示，为带凹槽的伞，设计者通过小小的改变，满足人们下意识悬挂物品的需求。通过小小的设计改变，人们在使用过程中获得新颖而愉快的感受，并留下深刻的记忆。如图 4–19 所示，为深泽直人为“三宅一生”设计的手表，12 边型正好可以省去 12 个时间标记点，中间的三个转针圈有时会形成有趣的表情，或是八字眉，或是笑脸迎人，产品的表象向我们的视知觉提供了美好的感性信息。

因此，作品表象符号意义上的审美价值建立在人的视觉、心理在和谐状态下的审美关系上。基于这种和谐的审美关系，设计美的表象在物体中的价值表现才能成为视觉符号的价值表现。

设计美感的视觉表象追随其符号意义，最终上升为设计美学的表象符号。所不同的是，这种符号的性质是通过作品的具体结构在视觉上呈现出来，因而使我们注重来自作品直观的审美感受，并用这种感受编织物象外观的视觉整体，使视觉符号的结构特征显得清晰可见，并将其意义进行视觉符号的转化，最终从视觉上获得有价值的美的因素。

4.4 设计表现从单一到系统

设计系统最早的概念来自建筑设计领域，著名建筑大师帕拉第奥在 1570 年出版的《建筑四书》，是最重要和最有影响力的建筑学书籍之一。这本书也是最早的系统性文档示例之一。帕拉第奥从古罗马建筑中汲取灵感，在书中提出了设计和建造建筑物的规则和词汇，包含了原则和模式，并详细地说明和解释了这些建筑物是如何使用的。例如，在楼梯部分，作者就对不同功能的楼梯进行了分类，即螺旋楼梯、椭圆形楼梯和直道楼梯。同时，作者描述了不同楼梯应该在什么样的建筑物及场景中使用，比如螺旋楼梯适用于“空间狭小的位置”是因为螺旋楼梯占用的空间比直楼梯少，但走螺旋楼梯花费的体力会更多。在 1919 年包豪斯运动时期，现代主义先驱路易斯·沙利文所提出的“形式追随功能”成为现代主义设计的名言。他把之前的装饰元素融入了 19 世纪后期出现的高层建筑里，通过装饰来强化建筑的竖直分格。这样的原则才促成了他著名的信条“形式追随功能”。以这句话为出发点，他根据每个项目的功能需求，在必然的结构演变中加以模仿，从而将组件与模块的概念运用在了工业与建筑设计当中。

1975 年发布的《美国宇航局图形标准手册》就是现代设计规范的早期代表作，它提供了颜色、字体、图形、用法和示例，以及明确的设计原则，直到现在的品牌、

图 4–20 《美国宇航局图形标准手册》

样式视觉规范依然没有跳出这个范围 (见图 4–20)。

在现代平面设计史中，从包豪斯设计原则到排版和网格系统，都在围绕如何通过规则指南去统一“设计语言”。它们对现代平面设计、网页设计的演变都产生了根本性的影响，同时也为“设计系统思维”建立了雏形。

20 世纪 90 年代中期，在互联网的早期发展阶段，当时的 Web 网页是由 HTML 技术实现的。在这种技术背景下，网页的设计有非常大的局限性，非常限制网页设计师能力的发挥。早期网站的外观更像是经过美化后的 Word 文档。而各个浏览器也是以满足功能来决定网页应该是怎么展示的。

随着越来越多的人使用互联网和电脑，在 1994 年出现了关于 CSS 的第一个提案。提案很大一部分是在讨论页面应该如何展示、是否需要考虑用户是如何浏览页面的，以及关注页面字体大小的排布等。这些讨论推动了万维网联盟的成立，并制定了结构化标准语言、表现标准语言等。

随着 Java 技术的出现，开发可以基于组件来进行页面设计，这大大地提高了网页布局的灵活性。设计师可以尝试各种有创意性和复杂性的页面布局，这样可提高网页的美观度和用户体验。在这里就出现了设计系统中的组件概念，每个组件就像是乐高积木，可以通过移动来创建个性化界面。

2005 年，交互设计师泰德维尔撰写了《界面设计模式》一书。泰德维尔效仿上文提到的设计模式概念，总结出交互设计中的“模式”，以现有理论为基础，将交互设计中经验性的东西提炼出来并将其系统化。书中收集并分析了很多常用的用户体验界面设计模式，帮助大家理解各种交互设计中常用的解决方案。

在 2012 年之后陆续出现了一批软件巨头开发的设计系统，如微软的 Microsoft Design Language、SAP 的 Fiori 1.0、IBM 的 Carbon，以及苹果的 iOS HIG 等。

现代设计不仅仅是包括单一设计符号或设计元素的设计，更是整体性的设计。现代设计中，设计领域的边缘化越来越模糊，各个设计领域相互交叉的方式越来越凸显，设计的系统性表现越来越受到人们的关注，同时设计系统为公司的各种产品提供了基石和指导，是一个需要不断维护和改进的有机体。

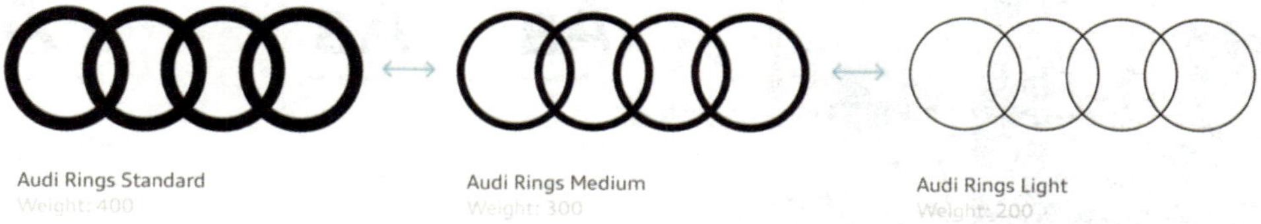

上：图 4-21 奥迪可变标识 1
下：图 4-22 奥迪可变标识 2

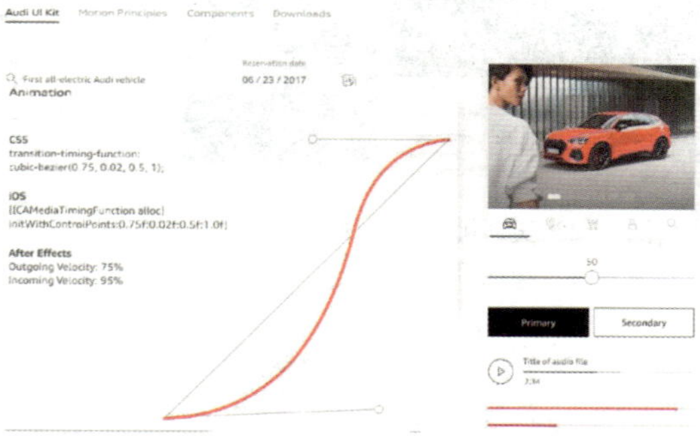

2021 年初，奥迪官方公布了其全新的全球品牌战略，进入其品牌管理的下一阶段。基于新的品牌态度“进步的价值”，设计了一套全新的品牌设计系统；在官方的陈述中，新的品牌将更加接近用户，并提供了针对目标人群的品牌体验。一个创新的改变是：奥迪首次创造性地建立了一个可变性标识，将其灵活地用于各种环境中。在字体方面，除延续了奥迪经典的 Audi Type，即奥迪体之外，还增加了新的字体变量工具“Variable”。

首先是可变标识。对过去给人沉稳刻板印象的奥迪环，增强了灵活性与轻便性，可变标识既可以用作徽标字体，也可以作为软件包提供三种不同的粗度。在不同的场景中，可以改变标识环的粗细度以及各种基本元素的组合来增强设计的灵活性与延展性，如图 4-21 所示。

其次是模块化设计。本次设计受原子设计的启发，开发了一个模块化设计系统。模块化设计是 Strichpunkt 独立研发的一套数字化控制程序，它可以在各数字化应用载体上匹配相应的模块，使奥迪品牌在所有客户接触点上得到精确和一致的呈现，使得奥迪品牌具备更大的创造性、多样性和在所有接触点上一致的体验（见图 4-22）。

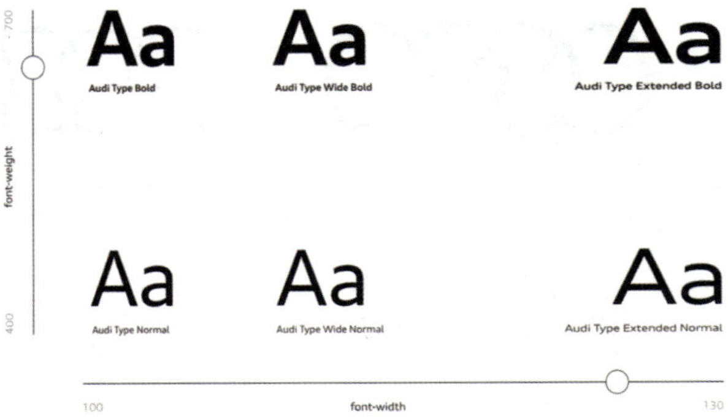

左：图 4–23 奥迪可变标识 3
右：图 4–24 奥迪可变标识 4

再次是品牌色彩。新奥迪延续了代表性的三个品牌标准色，即白色、黑色和前卫的红色。值得一提的是，Strichpunkt 没有为三款标准色划分主次和等级，三款品牌颜色在地位上是平等的，期望全球各地的广告代理商能够根据不同的内容和想要传达的信息进行组合，仅仅在使用范围上建议在广告画面中整体布局不要太鲜艳 (见图 4–23)。

最后是字体变量。对于奥迪品牌来说，经典的奥迪字体让人印象深刻，该款字体已经沿用了几十年，在本次品牌升级中，奥迪品牌引入了当下最流行的可变式字体变量软件。通过灵活的调控，进一步实现了品牌设计的数字化。Variable 由于其灵活的字体宽度而非常节省空间，并具有适应可见区域宽度的能力。通过调整字体的粗细，可以提高可读性和对比度，在动画中，提供了创作上的自由 (见图 4–24)。

Arco Design 是由字节跳动打造的一款企业级设计系统。字节跳动致力于探索更优质的设计体系，以解决复杂的业务以及冗余的沟通带来的体验问题，彻底解放设计师的双手。字节跳动一方面创造“最佳实践”的设计系统，另一方面为更多中小型企业及个人设计师和开发者提效，创造更多高效美观的“最佳实践”。Arco Design 以务实浪漫、连接高效与美为愿景，遵从一致 (agreement)、韵律 (rhythm)、

左：图 4–25 Arco Design 设计系统
右：图 4–26 Arco Design 未来全景图

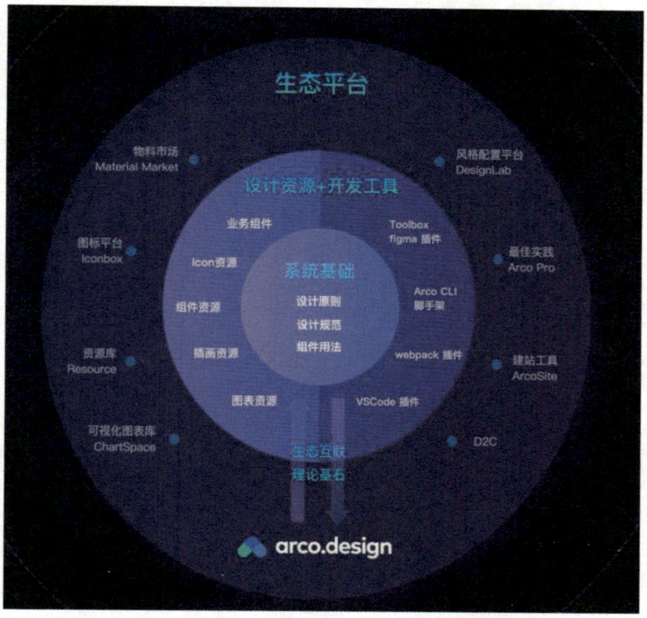

清晰 (clear)、开放 (open) 的设计原则，连接开发与设计，从开发者和设计师的视角，以更系统化的思路解决业务问题，通过细致完善的设计资产、简单流畅的工具集和生态平台，快速提升工作的效率和愉悦程度 (见图 4–25、图 4–26)。

第5章

系统思维是未来设计思维的核心

5.1 设计思维复杂性研究发展脉络

5.1.1 设计思维复杂性研究发展脉络概述

国外对设计思维的科学性领域的理论研究已经持续了半个世纪之久。第一代设计研究从 20 世纪 60 年代起受数学、运筹学和系统理论学的影响，但发现先前研究的所谓现代设计方法，无法解决复杂的现实问题；到 20 世纪 80 年代后，第二代设计研究开始转向研究设计的本质。

关于设计思维的科学性研究，从欧洲文艺复兴之时起，就包含工具论和本体论两方面的含义，即设计是手段，还是目的。自亚里士多德创立逻辑学和工具论，至世界著名的科学家、哲学家和数学家，法国人笛卡尔在《正确思维和发现科学真理的方法论》一书中提倡科学的研究，强调分析和演绎，设计开始作为一种人类改造世界的创造性活动的工具被逐渐系统化、科学化。1920 年之后，乌尔姆设计学院倡导的探讨设计的科学方法开始出现。直到 1969 年，赫伯特·西蒙在《人工科学》一书中正式提出设计是“人为事物的科学”，认为研究设计的手段应该由科学方法着手。自此，在设计研究领域初步建立了“应该用科学化方法有系统地研究设计”的观点。

真正具有现代意义的设计研究起源于 20 世纪 60 年代的现代设计方法运动。

于1962年在英国伦敦皇家学院召开的设计方法大会是其标志性事件，四年后，设计研究学会在英国伦敦成立。与此同时，设计学家亚历山大·琼斯在曼彻斯特大学创立了专门的设计研究实验室。阿舍尔在位于伦敦的皇家艺术学院成立了设计研究系，他本人也成为设计研究领域的第一位教授。现代设计方法运动的源头可以追溯到二战后工厂无法满足大量生产需求，生产设计的研究开始专注于如何达到有效的机械化以便改进生产效能。例如，当时的工业设计领域的学者开始研究在设计中如何系统生产，让生产过程更为方便和有效率。20世纪50年代到60年代，设计学习的研究重点主要被设计中的系统理论及系统分析所影响，并且奠定了后来的设计方法运动的基础。系统理论及分析源于信息处理学和运筹学这两个研究学科中的理论，因此当时试图运用科学、理性的设计研究方法去改造传统设计方法，使设计真正成为一门在“知识上理性的、可分析的，部分可形式化的，部分经验性的，可讲授的”经验与形式共存的科学学科，并且制定了一些系统性方法让设计师采用。

这一时期有两篇重要的文献资料。其一为工业设计师杰·琼斯在第一届设计方法研讨会中发表的《系统设计的一种方法》一文。1950年，他利用人体工程学作为考虑因素，了解工程师在设计电子设备的过程中如何妥当地应对使用者的需求。当他研究发现工程师并没有考虑用户的行为时，他重新设计了工程师的设计过程，提议首先要满足使用者的需求，然后再去满足机器的运作需求。如此一个在设计中有次序的运用过程，让直觉设计和理性考虑并存的理念，就大致被看成是一种设计方法了。除了在设计过程中生成并应用设计方法外，琼斯提出设计师分析、综合并评估的重复循环式过程。这个概念中的分析期要求在分析问题的时段中，要为所有设计要求列出一份清单，细心研究这些要求的交互关系，梳理出一个理性的设计任务书；综合期是为每个设计任务寻找答案，并且做出一个合乎整体而且冲突最少的设计解答；评估期是要测试所有已做出的可能解答的正确性，并选择最终的解决方法。这三个程序会依照所需要的功能，在设计中重复循环运作。他简单地形容重复出现的三个基本的设计行为阶段是“把问题打散成小问题（分析期）”，“把这些小问题以新方法整合成一个整体（综合期）”，“测试以便发现实际应用新解法的后果（评估期）”。他所做的研究事实上是为了两个目的：第一是为减少设计错误，并减少重复设计及延误时间和人力上的浪费；第二是做出更富想象力和更进步的设计结果。

其二是美国建筑设计师克里斯托弗·亚历山大提出的“模式语言”设计方法。模式语言的基本概念是解决设计问题的方法，可由所选取的设计形态（模式）做组合。其中大致包括一个说明问题总体脉络的“问题陈述”、一个明确列出规则的“解答”、一个大致示意解法的“草图”，以及一个将解法和其他问题组合的“局部脉络说明”四个部分。模式间的文法规则及模式形态里的内在解答，则不是已被套定的简单安排，每位设计师都可创造出自己的语言规律并且分享。分享的语言经过演进，就可达到一个更完备的整体性。好的模式会被广为流传，而坏的模式也会被逐渐淘汰。因此，在这种情况下，经由设计师不断地持续性改变和修订，就会发展出一个完美、均衡，而且全面、真实的整体环境。除此之外，在 1960—1970 年间，为了有系统地管理设计过程而发展出程序性技术作为设计补助的研究种类。布鲁斯·阿彻在《面向设计师的系统方法》一书中提出用来解决工业设计问题的系统化模型，他指出工业设计有六个连续阶段，分别是：①收集设计问题，分析问题，准备细节化的方案并评估预算；②收集数据，重新理清所提方案及价格；③准备做出设计提案大纲；④发展设计的原型；⑤准备并执行对解决方案做出验证性的研究；⑥准备厂家所需的制造规格文件。这六个阶段涵盖了从设计开始到结束完工的整个过程，并以一个完整的清单将工业设计过程里的 227 种可能活动列出，供工业设计师作为设计参考。阿彻的整个研究说明，除系统方法论之外，信息处理学及运筹学这两个学科也对其研究产生影响，这种影响显示出设计研究的科学性趋向。

20 世纪 70 年代，现代设计方法运动面临巨大考验，这期间的研究也被批评是只看结果没有看手段，仅仅是对过程的一般描述而已，并没有深刻切入设计思维层面，亦即人类自然天性的核心。包括亚历山大本人也指出这些设计方法论的观点对设计是没有帮助的，因为它无法产生设计动机和机会；同样地，琼斯也摒弃了设计方法论，并改变了他的研究方向。20 世纪 80 年代初，有三个因素影响了对设计方法论的研究，让研究产生了一些变化，学者们开始倾向于研究“设计思考的方法”，并将重点变成了探讨设计活动的本质。

首先，关注的是科学化研究法。其观点希望学者有系统地、客观地去发现事实的本相，再用变量界定现象间的因果关系，并且归纳为普遍性的规则，使得他人可以利用这些科学知识做进一步的预测。其次，学者开始注意到设计师的思考过程是和心理历程有密切联系的，并且设计是一个解决问题的心理过程。为了要解决复杂的设计问题，使其符合使用者的需求，设计就必须是解决问题及做决策的心智活动。因此，对设计的研究，开始专注于发掘基本的智慧与认知，并以此为重心。再次，设计师考虑将系统理论应用于设计的恰当性。在程序性的方法研究上，借由研究设计过程去了解设计活动的本性。另一方面，如果设计师要改进他们的设计程序，则要先对设计思考的方式有更深入的了解。

20 世纪 80 年代之后，对设计思维的研究开始集中于了解在设计活动中所运用或涉及的认知机制。一系列设计思维研究的专业杂志相继问世，许多关于认知的研讨会也开始有序举办，较有名的是 1991 年在荷兰代尔夫特理工大学由英国设计研究学者奈杰尔·克罗斯等人设立的设计思维研讨会。由于第一次会议的成功，随后每两年依序召开，着重于研究设计能力的本质，设计师如何思索以及探讨以一般性的方法了解设计等。每次年会都有自己特别的主题，例如：1994 年，在荷兰代尔夫特理工大学研究口语分析的运用；1996 年，在土耳其伊斯坦布尔科技大学研究描述性的设计模型；1999 年，在麻省理工学院开展表征研究；2001 年，在荷兰代尔夫特理工大学研究跨领域运用；2003 年，在悉尼科技大学研究专家设计师的设计本质；2007 年，在伦敦艺术大学研究如何分析设计；2010 年，在悉尼大学解析不同领域的设计思考；2012 年，在英国诺桑比亚大学开展对一个给予的设计课题会产生的所有不同反应的分析等。这些研究也将设计思维带到另一个境界，并对思维的研究给予高度评价，将其列为与其他研究领域并驾齐驱的个别领域。

5.1.2 设计思维复杂性研究发展特征

设计思维首先在设计领域产生，从对设计理论的研究中发展出设计师的认知方式，再以此为基础开发了一种创新方法论，被广泛应用于解决不同领域中面临的挑战。它被认为适用于所有的人类活动，即设计“人工世界”。设计思维的发展具有以下特征。

1. 从设计师的认知方式衍生到创新方法论

在设计思维的发展过程中，研究者对其内涵的理解不断扩充。首次接触“设计思维”这一概念的人，很容易将其与计算思维、创新思维等认知方式建立关联。对设计思维的研究很大部分是在研究设计师的认知方式的基础之上推进的，而对设计师的认知方式的研究源于对设计师参与的设计活动与设计过程的探索。如今对设计思维的理解，已经不再停留于设计思维这一认知方式上，而是对这种认知方式显性化后形成的创新方法论的研究，能更有效地指导实践工作。

2. 从简单的产品制作转向创新方案的提出

研究者对设计思维的价值认识的逐步丰富，实际上，反映的是对“人工物”概念本身理解的丰富化。西蒙重新定位了“人工物”的内涵，促进了设计思维的普适性，它的价值从促进简单的产品创新扩展到促进刁钻问题的解决、创新方案的提出。在面临重大变革的社会背景下，工程师、建筑师、工业设计师、认知科学家等在问题解决上达成了以下共识：设计思维通过寻找更为广泛的问题解决方案来关注创新的活动和过程，它将人类、技术和本时代的战略需求结合，是各领域研究的前沿。

3. 从设计领域扩展至各行各业

早期的设计思维研究服务于单一的设计领域，而后在不同领域逐步扩散。在工程领域，设计师生成、评估，并列举设备、系统、过程等概念的形式和功能，以满足客户的需求。设计思维为工程设计提供了一个创新过程，能够促进产品或服务的创造。在医疗卫生领域，设计思维服务于疾病的预防或治疗、医疗流程等方案的创新。在商业经济领域，采用设计思维，从用户需求出发考察商业情境，重新定义问题。发现达到目标的最优路径，形成一个可靠的商业战略。在组织管理领域，设计思维被用于解决不确定的组织问题以支持领导者的决策和规划，被视为产生创造力和创新的最佳方式，以及管理者必备的技能等。设计思维在以上不同领域的丰富应用都将映射于教育中，尤其是与之对应的高等教育中不同专业对创新型人才的培养。

5.2 复杂性是设计思维的典型特征

5.2.1 设计思维是线性思维与非线性思维的综合体

以牛顿经典力学为代表的近代科学是以线性系统为研究对象的线性科学，相应地在数学上为研究和解决线性系统基本问题提供了强有力的解析方法和工具。近代以来的线性科学在理论和实践上都取得了辉煌的成就，深刻地影响着人类的物质生活，同时也逐渐成为人们认识和处理客观对象的基本观念。人们把线性系统、线性现象看作客观世界的常规现象和本质特征，认为只有线性系统、线性现象才有普遍规律，并且可以从一般原理中找到普适的方法。人们认为世界的本质是线性的，客观世界被看作一种以线性为基本特征的集合体。20 世纪 70—80 年代，“非线性风暴”横扫了线性世界观的每个角落，认为整个世界是非线性、非平衡性、非周期性、非均匀性、非对称性、非光滑性、非连续性的，用非线性世界观描绘出一种崭新的世界图景，把简单性与复杂性、有序性与无序性、确定性与随机性、必然性与偶然性相统一。非线性科学揭示出来的新事实、新特点和新规律，致使机械论自然观逐步丧失其最牢固的立足之地①，不仅为辩证唯物主义的自然观乃至世界观提供了更加坚实的理论依据，还丰富和深化了人们关于世界的演化和发展的观点。

---

①魏宏森，宋永华．开创复杂性研究新学科：系统科学纵览［M］．成都：四川教育出版社，1991：555.

线性思维源自简单性思想，这一思想可以追溯到古希腊毕达哥拉斯学派提出“美是和谐与比例”的观点。他们认为宇宙的和谐是由数决定的，这成为彼时学派建立自然科学理论的一个原则。简单性之美此后长期统治着传统西方科学，线性思维方式是它的一个基本特征。那么究竟什么是线性思维？线性思维方式具有比例特性、可叠加特性，而非线性思维则具有隐喻特性。隐喻思维是处理非线性现象和复杂对象的基本思维方式，尽管通过隐喻无法获得明确的、可靠的处理方法，但是，面对非线性世界的丰富多彩和变化多端，非线性思维方式给我们提供了富有启发意义的处理非线性复杂对象的思路。

世界的非线性本质要求我们以非线性思维的方式来认识和把握世界。尽管非线性现象和发展过程在本质上无法精确预测，无法获得对非线性现象确切和明显的认识，但是，我们仍然可以以非线性的思维模式有效地把握和处理这类研究对象。非线性思维形式的确立正是非线性科学产生与发展的必然结果，是人类智能的大解放。

仓俣史朗是日本著名的设计师，也是后现代主义时期可以和矶崎新相提并论，在国际享有盛名的大师，对日本设计界、国际设计界都有相当强烈的冲击和深刻的影响。他的作品基本都有艺术品的特征，个性极强，因此很多博物馆都收藏了他的作品。如图 5–1 所示，这把椅子让仓俣史朗闻名于世，所有部件都用丙烯树脂制成，

图 5-1 椅子 仓俣史朗

这在当时可是最新型的材料。有机玻璃制成的玫瑰花镶嵌在有机玻璃的椅面和扶手中，这款椅子的设计灵感来自电影《欲望号街车》。仓俣史朗用便宜的人工玫瑰浮在有机玻璃中来代表电影中主人公布兰奇的虚荣，这几朵玫瑰似乎是仓俣史朗最热情的设计了。仓俣史朗用人工玫瑰封存在有机玻璃中表现电影中的主人公布兰奇的脆弱、虚荣、欲望与死亡。现代主义的简洁与日式的婉约相得益彰。该设计与其说是一件家具设计，倒不如说是日本设计师实践个人哲学思维的装置艺术。仓俣史朗终其一生追求的设计哲学已经融入引发人们反思的概念设计和家具与家居装饰类产品中，其设计的价值在于引发人们有关自然、欲望与死亡的思考。

5.2.2 设计思维是量思维与性思维的综合体

一般来讲，量思维是以符号、语言为媒介来代替具体事物，可以推演、运算、简化思维的程序，具有抽象性、简约性、可靠性、严密性的特点。性思维也称非逻辑思维，是依靠长期的实践经验，以及意志、情感、理智和占有的信息资料等形成的。

钱学森大成美学思想用“性智”与“量智”之分，表明艺术与科学技术之间的密切联系[①]。量思维与性思维具有不可分割性，人的思维是各种思维形式的综合体。量思维主要是指以逻辑思维为主的思维模式，性思维主要是指以形象思维为主的思维模式。在思维发生的一般过程中，形象思维和抽象思维总是交织在一起。由于形象思维的启发作用，可迸发灵感，突然顿悟，新观点、新概念与新方法清晰地呈现在脑际，这就是创新。

在早期，人们认为艺术是对外在现实的忠实的模仿，这种理论在西方有着两千多年的历史，从古希腊到18世纪，这样一种艺术理论和美学观点都占据着主导的地位。正如波兰美学家塔塔基维兹所概括的：继古希腊以后，文艺复兴是摹仿理论的繁盛时期。古代创造了这个概念，文艺复兴给予了更明确的阐述、提炼和区分。这个概念远没有17世纪那样宽泛，但以某种特殊的理想化的视点来思考，艺术摹仿现实，但仅仅是摹仿现实的普遍的而且美的方面。摹仿说的主要就是艺术对对象的摹仿越逼真，艺术也就越成功，也就是说，衡量艺术成功与否、成就大小的标准，就是艺术作品与它所摹仿的对象之间的真实关系。

①鲁鹏 . 大成美学思想研究［D］. 西安：西安交通大学，2016.

认为艺术是一种摹仿的艺术家和理论家并不认为艺术是一种创造，达·芬奇就认为："绘画是自然的儿孙和上帝的亲属。"[①]后来画家丢勒、普桑等都认为艺术是摹仿而不是创造，并且这种艺术观念具有一定的普遍性。18 世纪和 19 世纪的天才美学实际上否定了这种理论，20 世纪的艺术理论家更是把这种理论看作是一种天真美学的假设，并且认为它否定和抹杀了艺术的创造性。其中最具有代表性的是艺术心理学家阿恩海姆的艺术直觉理论、艺术史学家贡布里希的艺术史研究和哲学诠释学开创者伽达默尔关于摹仿理论的新理解。

人们对科学中创造性问题的认识比艺术中创造性问题的认识要晚得多。康德用"伟大的头脑"来称呼牛顿，把牛顿看作是天才，但是却否定了牛顿的科学理论是一种创造。其实，牛顿本人也是这样认为的。他在《自然哲学之数学原理》一书中提出"我不构造假说"，认为不是来源于现象的都应该称其为假说；而假说在实验哲学中都没有地位[②]。他的"我不构造假说"的思想，在很大程度上塑造了科学中的实证主义，并且深刻地影响了未来数个世纪的科学观。虽然在牛顿看来，科学理论不过是由阐述自然现象的数学定律构成的，这些定律不仅可以从现象中明确推

---

①达·芬奇.达·芬奇论绘画[M].戴逸，编译.桂林：广西师范大学出版社，2003：5.

②牛顿.自然哲学之数学原理[M].王克迪，译.北京：北京大学出版社，2006：349.

导出来，而且能够在现象中得到严格的证实。然而，这并不能否定创造性思维在科学发现和科学理论建构中的地位和作用。不管牛顿是否真正从苹果落地中得到过关于地球引力的启示，但是，这一看似神话般的传说，却说明了他在平常人们熟视无睹的现象中发现隐藏在现象之间的深处秘密的洞察力和想象力。正如巴伯所说："这件事的全过程，是关于观察、理论、数学推导以及创造性思维彼此相互作用的一个典型特征。"①

创造性对于所有伟大的科学家和艺术家、伟大的科学作品和艺术作品来说，都是最为显著的特征和品格。创造性的科学家和艺术家既是传统的继承者，也是传统的超越者。在某种特定的意义上，其作为个人既是传统的产物，也是超越了传统的产品的创造者。换而言之，创造性的艺术家或科学家并不只是创造了超越性的产品；在某种特定的意义上，他们实际上超越了自己。他们创造了某种自己都没有想到的东西，甚至没有想到自己竟然有能力创造出这样的东西②。

不论在艺术中，还是在科学中，或是在设计中，这样一种创造性，应该就是康德所说的那种属于"典范"的东西。思维的一般发展过程是从一定的事实材料出

---

①巴伯．科学与宗教［M］．阮炜，译．成都：四川人民出版社，1993：43.

② BRISKMAN L.Creative Products and Creative Process［M］.Boston：Martinus Nijhoff Publishers，1985：150.

发，通过大脑按照概念的判断和推理进行形式逻辑的一步一步的分析和判断。但是，按照这个格局进行的思维，其结果的最佳值我们只能称之为“发现”。但在“发现”的过程中，当思维目标无法实现时，思维必然会中断，这是一种表象上的中断，此时的思维其实表现为潜意识思维而不被人发现。当潜意识思维突发某种“诱因”，这时就会激发非逻辑思维方式，即想象、直觉、灵感、顿悟，产生作用，“豁然开朗”“茅塞顿开”油然而生，思维得到了飞跃和升华。这时，思维结果的最佳值便是“创造”。所以，创造思维是逻辑思维与非逻辑思维、“量智”与“性智”的辩证统一体，通过二者之间的互相补充、制约、转化构成人的系统思维。

量思维（科学技术的思维方法）对性思维（艺术思维）有启迪作用。按照一般的理解，量思维是抽象的，性思维是形象的，因此科学方法与设计是不相干的。其实不然，量思维与性思维一样，都是多种思维方式的协同。无论是在设计思维体系中，还是在科学思维体系中，哲学思维作为观念思维都处于最高的层次，而抽象思维与形象思维都处于中间层次，抽象思维与形象思维共同对构成科学或者艺术的物质要素进行有效的选择、组织、建构，并起一定的导向作用。

设计的创造活动是利用各种智力与非智力因素进行创新的高级而复杂的思维活动。创造性思维是量思维与性思维、逻辑思维与非逻辑思维、线性思维与非线性思维的综合性思维。千百年来，创造性思维带领着人类不断地改变、创造着新的世界，在科学史、艺术史、文化史乃至整个社会发展史上闪烁着璀璨的光芒。

5.2.3 设计思维是自主性与连续性的综合体

设计在当代社会发挥着日益重要与广泛的作用，日常生活审美化、文化创意产业、可持续发展的社会需求，已使设计从狭义的造物技术扩张为广义的文化策略及创造方式，主流价值观念通过设计形塑生活，社会意识形态通过设计深入人心。

设计不仅是器物创造的手段，更是人寻求自由与解放的路径，设计渗透着价值倾向，关联着人们对生命、价值的表达。黑格尔指出，自然生命是未经否定的，因此是自在的，而自在的生命应当成为自为的精神，成为一种灵性或精神性的存在是人最为根本的诉求。所以，通过设计对生命本质进行溯源，正是设计的灵魂所在。堪称经典的设计作品都是洋溢着人文灵性与自由精神的杰作，在器物创造中更把我们带往美的精神家园，因此受到普遍认同与热爱。承载人文精神的结构形态不仅仅是物的表面装饰，而且具有人文性与审美性的深度价值。

设计思维的复杂性意味着设计思维是一种绵延的连续性的体验，而不是简单的断裂性强行切割。连续性包含在设计与生活、理论与实践、科技与艺术、文化与经济、大众与经典、传统与未来等的千丝万缕、错综复杂的交织中。设计思维的复杂性是指关注于体验与思辨，通过理性与感性，深入事物的深层关联，重新解释功能，定位设计，理解创造的价值。相对于复杂性思维，简单化思维并不是量的多少繁简，而是指思维的先验既成性、单维还原性、静态封闭性、习惯重复性。复杂性思维也并不是对立于简单化思维的另一种思维，复杂性思维也不能脱离简单化思维而存在。复杂性依托简单化为载体，以简单化作为解构与超越的对象，在由现成到生成、由结构到解构的开放过程中，生成思维的复杂性。因此，复杂性是时刻缠绕又不断超越简单化的一种力、一种态势，是简单化思维隐而未显而有待彰显的另一面，是潜藏于所有事物与活动中更深层而又经常被忽略和被遗忘的生命状态。

意大利设计师索特萨斯喜爱设计一些用途不明、含义不清的作品，恰使我们看清了这些模糊设计背后的清晰的思想，那就是在实在可见的用途以外，生活需要更多的可能性探索，生命还有更广阔的境界可以去翱翔。由此设计思维打破物质性的僵硬外壳，穿越实用性的框架，展现内在的生命力与穿透力，以及对生活的创造力与辐射力。索特萨斯认为，设计就是设计一种生活方式，因而设计没有确定性，只有可能性。他认为设计不仅要受当代条件的制约而有效思考，还应采取某种不受时间限制的永久性方式。他反对一切唯功能论，包括包豪斯及形而上学的理性化、非个性化的设计教条。功能不是绝对的，而是有生命的、发展的，它是产品与生活之间一种可能的关系。他的设计在产品的造型、色彩、材质及装饰处理等方面，都做出了大胆尝试，常常赋予产品以娱乐、戏谑、新奇、刺激的形式，来达到与正统设计完全不同的效果，从而赋予产品功能、形式以新的时代文化诠释，以达到凸显设计师的个性，并赋予产品以实验性的理念。这些实验性的设计作品浪漫而富有诗意，却也世俗热闹，深受波普艺术的影响。人们一边带着疑惑的眼光看他的作品，

图 5–2 Valentine 手提打字机

一边却又感到日常生活原来可以被塑造得如此精彩。

1970 年情人节，一款浪漫鲜红的 Valentine 手提打字机出现在市场上，要知道，那时并没有移动办公的概念。人们在目瞪口呆了 15 分钟之后，将理智彻底抛在脑后，疯狂地挤爆了商店大门。此后无数的情侣们开始带着它在路边的咖啡馆“啪哒啪哒”编织情书 (见图 5–2)。

卡尔顿书架 (见图 5–3) 是索特萨斯突发奇想而成就的作品。它是一个天真滑稽的怪诞家具，像小孩子玩的积木，采用红黄蓝三原色的搭配，奇形怪状，像一个机器人。它以非常规的结构组合、积木式充满趣味的造型和鲜明活泼的色彩让人们眼前一亮，其拼贴式的独特造型几乎没有提供可以放置东西的空间。索特萨斯设计的这款书架已并不仅仅是为书本提供存放空间的单纯使用家具，它远离日常生活中

图 5–3 卡尔顿书架

左：图 5–4 大盂鼎
右：图 5–5 折觥

对书架约定俗成的理解，可以看成是独立存在且能够与环境并存的具有审美意义的准艺术品。作者诠释了一种不是形式追求着功能，而是形式追求于表达的设计思想，表达出他对设计特有的理解。

中国商周时期的青铜器设计，显然在传递一种高于其具体功能技术的更深刻、更久远的信息。大盂鼎 (见图 5–4) 腹大而略浅，口沿向下微收，腹部膨出，成为最宽的部位，由口沿至腹底形成异常饱满而有力的轮廓线，并与口沿和两耳的方折相对比。两耳微微向外打开，上端较宽厚，下部嵌插于器腹内壁，结构牢固，每一方圆转折都处理得非常明确，毫无含混之处。腹部光洁无饰，这一片空白区域由于造型的力度而成为整个器物最突出、最有表现力的部分。折觥 (见图 5–5)，1976 年出土于陕西宝鸡扶风庄白村，收藏于宝鸡青铜器博物院。觥体呈长方形，分为盖与器身两部分。盖的头端呈昂首的兽形，高鼻鼓目，两齿外露，长有两只巨大曲角。两角之间夹饰一个兽面，从头顶处开始在盖脊正中延伸一条扉棱直到尾部。颈部这段的扉棱做龙形，两侧各饰一条卷尾顾首的龙。盖的颈部以下，也就是不再昂起而接近水平的部分，装饰有一个饕餮纹面，在饕餮的头端加铸了两只立体的兽耳。折觥堪称艺术之瑰宝，其设计思维不仅打破物质性的僵硬外壳，穿越实用性的刚性框架，更展现出设计内在的生命力与穿透力。

5.2.4 设计思维是创新思维的重要代表

创新思维不受时空的约束，也不受概念成规的限制，通过丰富的想象、联想、幻想等虚构形式，整合运用知觉思维、形象思维、抽象思维、发散思维、跳跃思维等多源思维形式，与情感、意志、动机、愿景、理想、信念等紧密相连，在感觉、审美、知觉、情绪、记忆、思想等心理活动中发挥作用，是打破常规的一种思维方式，是以感性、直观、想象为前提的大胆的创造性思维活动，其核心要务是打破惯性思维。

创新包含两个阶段，即获取解决问题所需知识的阶段和产生潜在问题解决方案的阶段。创新需要解决设计的思维如何以更快的速度和更好的品质在“获取”和“解决”的过程中发挥作用的问题，可以应用性质完全不同的要素，将毫无关联的事物产生联系，转移问题的重心，使联想的空间不断加大，不仅让新的理念超越旧的理念，还要将新的理念与已有的其他理念冲撞、融合，在整合与协调过程中可以突破一个理念本身的局限，建立相关的联系，可以将新的理念优化。理念超越的推理往往来源于理念自身的系统之外。

设计思维方式是构成一个设计文化最深层、最关键的因素之一，是设计文化体系差别的质的规定性之一。

设计本身潜在的语义就是“创新”，可以说设计的全部意义都集中在“创新”上。创造的意义在于突破已有规则和程式的窠臼，改变陈陈相因，以新颖的观念或独创的形式主动地改造客观世界，创造新的价值观念，倡导新的生活方式。设计的产物是人类文明的具体承载，是社会发展的标志。在人类漫长的历史进程中，人们能动地将设计思维方式物化到各种设计实物中，并由此满足人们的生活需求，改善人们的生活质量，这些都是人类文明的结晶。

5.2.5 设计思维是开放性与综合性的综合体

复杂性思维是生机勃发的开放性思维，通过系统内部与外部环境的随机性与选择性，要素与要素之间、要素与系统之间、系统与环境之间始终处于互动重构、吐故纳新的运动状态。复杂性是面向未来的探索思维，其系统构成除了已知方面，还应包含对理性认知以外的随机的、不可把握的未知与可能的充分预设，而这恰是复杂性的题中之意。就是说复杂性系统始终是未完成、待完成的。因此，复杂性并不能固定为一种思维类型，不能将其理解为非此即彼的对立于还原论思维的另一种方法，否则类型化与实体化理解将重新落入二元论的陷阱，把复杂性思维简单化，且遮蔽并遗失思维的复杂性。

复杂性只能是一种互动状态、一种开放趋势、一种多义体验、一种无限召唤。复杂性是思维的本质与灵魂，它必然是若隐若现地飘移，似有似无地呈现，亦虚亦实地运行。而当我们力图捕捉住、固定住复杂性时，我们得到的只能是复杂性的外衣，而复杂性本身则早已从我们的指间溜走了。

在常规的思维进程中，省略思维进程中的某些步骤，可加大思维的“前进跨度”；从思维条件的角度来讲，跨越事物“可现度”的限制，迅速完成“虚体”与“实体”之间的转化，可拓宽思维的“转化跨度”。设计思维能够调节局部与整体、直接与间接、简易与复杂的关系，在诸多的信息中进行概括、整理，把抽象内容具体化、繁杂内容简单化，从中提炼出较系统的经验，以理解和熟练掌握所学定理、公式、法则及有关解题策略的特性。

5.3 系统思维在设计中的表现样式

时任哈佛大学设计学院院长彼得·罗于 1987 年，在所著的 *Design Thinking* 一书中描述了建筑师和城市规划者在做设计时所使用的设计方法，由此诞生了“设计思维”这一概念。设计思维所倡导的思考以社会化的形式存在，它体现出一种设计的态度、思维导向过程和与人沟通的方式、方法，主要目的是为了寻求未来改进结果的问题或事件，提供以有实用价值为前提的、富有创造力的解决方案。这种以解决方案为基础的导向型思维形式，就好像马克思在论述人类的劳动过程时所指出的：“最蹩脚的建筑师从一开始就比最灵巧的蜜蜂高明的地方，就是在他用蜂蜡建筑蜂房以前，已经在头脑中把它建成了。”也就是在复杂的设计过程中，“源头”

往往是科学的抽象思维，但最终得到的结果是由形象的方式表现出来的，它最终解决的是一个形象构建的问题。在这一构建过程中，设计思维始终贯穿并且产生巨大影响，它不仅能促进科学思维中的形象组合、联络，形成概念和关系，帮助建立科学理论模型和形象类比，还能扩展思维领域和保持自由与和谐的创造性情境，从而让我们认识到设计不是提供一个物品，其本质是为了解决问题。清华大学柳冠中教授在其所倡导的事理学中始终强调：设计不是目的，而是解决问题的方法，就好像我们真正需要的不只是工具，而是实现这些目的的方式，做不同的事情可以使用不同的工具，但是，工欲善其事，必先利其器，利器不是标准，更不是最终目的，而善其事才是选择器物的重要依据。

一般来说，设计思维常见的有以下表现样式。

1.“逆向 – 顺向”的思维

设计思维是人类改造世界、适应环境的一种发挥主观能动性的思维方式与方法，它的目标是寻找隐藏在表象背后的内在含义，并且通过一定的组织方式，有意识地表现出其内在含义的过程。设计中多种多样的创造性思维方式，通过形形色色的设计活动体现出其不同的思维特征，大胆创新、开放的设计思维也是推动设计理论形成以及设计发展的重要途径。

图 5-6 消除口臭

逆向思维是与常规思维相悖的思维方式，也是一种质疑的思维，具有普适性、新奇性、叛逆性等特点。在图形设计中，当常规的思路“山重水复疑无路”或者思维出现障碍的时候，用逆向思维进行思考和认识问题，质疑事物的正确性，可以十分有效地突破思维枷锁和自我程式的束缚，突破习惯思路的恒常心理模式，解放思想，从而产生与众不同的新思路和独特创意，进入“柳暗花明又一村”的佳境。尽管逆向思维是反传统、逆常规的，但这种反传统、逆常规是以传统和常规为依据的。这些传统和常规之所以被称为传统和常规，是因为长期受到认同与接受。

西摩·切瓦斯特的作品注重个人观念的表达，追求艺术设计的自由性。他关心的焦点是如何能够把个人独特的风格和具有视觉传达功能的设计结合在一起。他的作品通俗易懂，常常以幽默、活泼的形式来表现。他注重对设计思维的研究与表现，逆向思维是他经常采用的思维方法，他还擅长运用颇具美国式幽默的色彩风格，与此同时，他还热衷混合使用各种不同的媒介来表现作品主题，以达到特殊的视觉效果。

《消除口臭》是切瓦斯特设计的反战海报，反对美国在越南战争中对越南进行轰炸 (见图 5-6)。这幅海报以浓郁的色彩、简洁的标语、诙谐的漫画来表现反战主题，只要我们仔细观察便会发现海报里男子口中描绘的正是飞机轰炸的战争场面，而标语“End Bad Breath”中的“Bad Breath”在英文中是“口臭”的意思，以“消除口臭”来影射“反对战争”，传递回归和平的愿望。海报以标志美国的“星条旗”为背景，以此来讽刺美国对越南的无理干涉，并激发美国民众考虑受战争侵袭的越南人民的感受，从中可看得出切瓦斯特作为一名艺术家，其热爱民主、和平的人文主义情怀。

1954年，切瓦斯特与爱德华·索勒、雷诺兹·鲁芬斯成立著名的图钉设计事务所。图钉设计事务所中的每个人都有非常鲜明的风格，切瓦斯特关注的并不只限于作品的本身，还注重个人风格的表达，并结合平面设计的视觉传达功能，实现作品的个人价值。图钉设计事务所形成的这种自由的、综合的、统一的和艺术的风格被称为“图钉风格”，并得到广泛流传和模仿，对美国战后的平面设计界产生了重要的影响。

2.“发散 – 聚集”的思维

发散是指思维向着不同的角度和方向扩散，是由美国心理学家吉尔福特在1950年的一次关于创造力的讲演中提出。发散的意义在于能够提出更多的解决问题的方案和设想。聚集则是通过比较和分析，从中选出最佳解决办法，具有普遍性、稳定

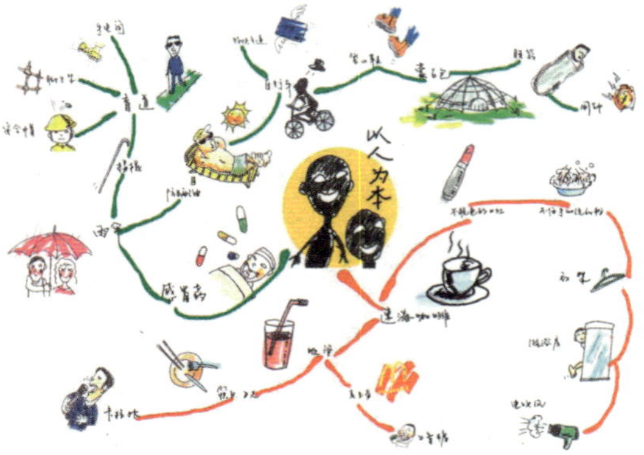

图 5–7 思维导图

性、持久性的特征，是掌握规律性知识的重要思维方式。发散的思维呈现出独创性、灵活性、变通性和流畅性的特点，我们可从功能、结构、形态、方法和组合等方面展开发散性的思维。发散思维和聚集思维相互补充、转换、融合，两者缺一不可。

设计思维既是有条理性的逻辑思维，又能发散地用形象联想，同时呈现出分散与聚合的思维特点。可发散出无数的分支思维，形成多角度的解决问题的方式，在依托理性思维的概念推理前提下开展形象的联想思维。如图 5–7 所示，整个思维导图的焦点清晰地集中在中心词或中央图形上；主题的主干分出分支，从中央图形向四周放射；分支由一个关键的图形或关键词（卫星词）构成，相关的话题也以分支形式表现出来，附在更细的分支上；用文字搭架，图形中加入闪光点；整个思维导图图文互补，尽量准确地捕捉联想闪光点。

3.“转换 – 位移”的思维

可以通过对事物性质的转换打破常规思维，即否定事物的特点只有单一的解释和常规的定义，思维的认知呈现出对事物性质进行自觉转换的特性。概念在不断思考中形成，思索问题的过程就是整理概念的过程，概念形成主题，为设计创造了出发点。

图 5-8 M&M’s 巧克力豆

“不溶在手，只溶在口”(M&M’s melt in your mouth，not in your hand) 这句广告语，是广告大师罗瑟 · 瑞夫斯的灵感之作，堪称经典，流传至今。它既反映了 M&M’s 巧克力豆用糖衣包裹的特点，又暗示 M&M’s 巧克力豆味道好，以至于我们不愿意使巧克力在手上停留片刻。瑞夫斯认为，一个商品成功的因素就蕴藏在产品本身，而 M&M’s 巧克力豆是当时在美国唯一用糖衣包裹的巧克力豆。有了这个与众不同的特点，瑞夫斯仅仅花了 10 分钟，便形成了广告的构想，这正是“独特销售主张”最好的体现 (见图 5-8)。

位移思维是指超出自我的局限，站在对象的位置上考虑问题，当面临不同的消费对象、不同的受众，把从他们的角度看待问题作为设计依据，设身处地为对方着想，以此来解决问题。

第6章

未来设计的复杂性发展

6.1 设计师是未来诱变的引导者

纵观人类发展的整个过程，从技术与社会关系的角度来看，就是人与自然、人与机器、人与人斗争的过程，这其中既包含着人与自然相关联的各种复杂因素，也涉及人类历史、社会、文化和技术的牵制，其中也包括设计对科技的转化和推动作用。在设计发展了一个多世纪后，作为物质的设计已被注入更多的精神和文化内涵，学者开始探讨设计的民族化和个性化语言，以及设计的文化含量。随着人们对工业化危害的认识，旨在保护生态环境的“绿色设计”成为设计界的热门话题。“绿色设计”是旨在保护环境、节约能源的设计浪潮，其中组合设计和循环设计是这一设计思想实现的标志。

“为人的设计”要求设计过程中设计师关注使用者，自20世纪70年代提出后，为人提供更好的生活方式成为设计师更高的责任。“为人的设计”要求设计师除了用设计的产品关怀正常人，为人们提供更好的使用功能外，尤其是通过对设计产品的独特处理方式，关怀那些特殊的人群，包括老年人、儿童和残疾人。在新的时代里，设计已不仅仅是为人类提供使用的功能，还应该体现出对人的精神关怀，让人们在设计里感受到人与人之间的温暖。

高科技的发展，尤其是微型处理器的发展把设计师从造型的局限里解放出来，沙利文提出的“形式服从功能”已不再是设计师所必须考虑的问题。电脑辅助设计软件的应用把人从复杂的手工制图中解脱出来，电脑在设计领域的参与必定使设计的外观和内涵都发生变化，技术的发展对设计师提出了新的要求。技术的发展越来越尖端，也越来越不容易被非专业人员所了解，因此，如何更好地使人与机器之间更容易沟通，如何使人更容易掌握技术产品，就成为摆在设计师面前的课题。

在国际主义设计风格普遍遭到异议后，设计开始强调个性化、民族性和文化内涵。在全球经济一体化以及激烈的市场竞争中，设计出具有个性化语言、民族风格和具有本国传统文化底蕴的产品就显得尤其重要。许多大公司在把产品打入国外市场时也充分注意到尊重别国的民族习惯，与此同时，设计也成为传播本民族文化的一种手段。这样，新时代就要求设计师在设计产品时更多注入文化的因素。

在现代设计发展了一个多世纪后，设计已经成为一门不断发展的、复杂的交叉性学科。随着时代的发展，对设计和设计师的评价标准也发生了变化。评判一件设计产品是否优秀，已不仅仅在于其是否具有良好的功能和美观的造型，它还与是否可以节约能源，是否对环境造成污染，是否符合道德标准联系起来。产品的审美标准在新时代里与道德联系在一起，人们对设计师的要求也越来越高。他除了要具备造型的基本技能和创造性的头脑外，还应该是一个了解技术进步、把握时代脉搏、紧随时代潮流的人。对社会的责任感和职业道德感被认为是设计师所应该具备的更重要的素质。

数据报告显示，在质量与价格处于同等水平情况下，目前有约 62% 的中国消费者更偏向选择国内服饰品牌。现在很多国货在高端市场越来越受到消费者的欢迎，中国人对国产奢侈品牌的需求越来越高。中国人看到，这些设计师与中国文化有更密切的联系，这一趋势也在现代中国音乐和流行文化中得到了反映。中国千禧一代热衷于发掘文化遗产，并将街头服饰与更传统的元素结合起来。腾讯 2018 年的一项研究发现，比起国际品牌，Z 世代(1995 年之后出生的“新新人类”)往往对国内品牌更感兴趣，认为“购买本地品牌”是支持中国的一种方式。中国有一大群工匠，他们用双手创造独特时尚的作品，而服装本身也经常从令人赏心悦目的中国文化的各个方面吸取元素，并以全新的方式展现国货。中国的文化遗产中有许多精美的工艺，也有深厚的历史，当这些以一种当代的角度诠释出来，就会体现出兼有本地与前卫的独特品位。

李宁是一位体操冠军，也是中国原创运动服装巨头“李宁”的创始人。他领导着品牌做出了意想不到的转变，令人印象深刻。“李宁”通过纽约时装周进入美国主流市场是一个巨大的成功，它也成为第一个在纽约时装周上展示的中国运动服装品牌。同时，让人意想不到的是，它是突然之间变得如此流行，连品牌都变得时髦起来，既时髦，又融入了品牌的中国精神，这种时装开始引领潮流。在纽约展出

左：图 6–1 “李宁”纽约时装周海报
右：图 6–2 “李宁”亮相纽约时装周

的一些深受欢迎的藏品，设计中都包含了中国元素，加入了很多时尚前卫的元素，包括连帽衫，在黑底上印上红色汉字，在胸前的位置拼写出“中国李宁”。这种真实感特别吸引爱国的年轻人，因为他们这一代成长于经济繁荣时期，亲眼见证了中国不断提高的国际地位。在进入美国大众视野之前，以“李宁”为代表的中国时尚品牌已经成为美国运动鞋文化中家喻户晓的品牌。纽约时装周确实成为该品牌的一个转折点(见图 6–1、图 6–2)。

6.2 未来设计伦理的复杂性

6.2.1 设计伦理的内涵

在中国古代有这样的论述：“故人者，天地之心也，五行之端也。食味、别声、被色而生者也。故圣人作则，必以天地为本，以阴阳为端，以四时为柄，以日星为纪，月以为量，鬼神以为徒，五行以为质，礼义以为器，人情以为田，四灵以为畜。以天地为本，故物可举也。以阴阳为端，故情可睹也。以四时为柄，故事可劝也。以日星为纪，故事可列也。月以为量，故功有艺也。鬼神以为徒，故事有守也。五行以为质，故事可复也。礼义以为器，故事行有考也。人情以为田，故人以为奥也。

四灵以为畜，故饮食有由也。”①文中强调人是天地的中心，离开人，一切行为都毫无意义。设计是在自然界所提供的物品不能满足人的需要时产生的人类造物行为，是以人的需要为首要目的而进行的，但人的行为不能毫无节制，必须遵循相应的规则进行，如要想万物被我所用，则要“以天地为本”，要行事有标准，则要“以月为量”。从设计学的角度来看，人是设计的主体。人与人的伦理关系是首先要考虑的问题。古代伦理强调的是“君、臣、父、子”一类的人伦纲纪，人在社会生活中的社会等级秩序，是不能逾越的。天地日月有其运行规律，人在与自然交往时也应该遵循其规律。人交往的对象是一个丰富和谐、运行有序的自然。

设计伦理的研究是建立在伦理学基础之上的，它是将人类普遍的道德规范或伦理观念与各种社会关系通过人的思维意识，并运用一定技术手段作用于设计活动的一门边缘性应用学科。它的目的是，以社会道德关系为准则，跨越物质社会的社会界限和思想关系，展开物质与伦理观念的研究；其任务是运用一定的伦理学观念与发展规律，适应人、社会、环境的新关系，设计正确的行为准则与社会规范实物，通过物质的人工设计，以求得道德观念上的人类社会的共同生存、平等、进步、秩序和安全，从而促进整个人类社会道德观念的进步。

①杨天宇．礼记译注（上）［M］．上海：上海古籍出版社，2004：277.

1964年英国设计师肯·加兰德起草了《要事第一》，它是设计伦理学方面最重要的文献之一。维克多·帕帕奈克1971年出版了《为真实世界的设计：人类生态与社会变革》一书，他认为设计的意义不应仅仅是为满足眼前的功能、形式目的服务的，设计更主要的意义在于设计本身具有形成社会体系的因素，因此，对设计的考虑，也必须包括社会短期和长期因素的内容。1971年，豪格在德国出版了《商品美学批判：关注高科技资本主义社会的商品美学》一书，帕帕奈克在1983年出版了《为人的尺度设计》一书，1995年又出版了《绿色律令》一书。依据现有的针对设计与伦理之间关系的研究，可以看出这三本书大体上遵循着以下三个主要方面。首先，设计应该为广大人民服务，而不是为少数富裕的人服务。帕帕奈克尤其提到设计应该为第三世界的人民服务。其次，设计不但应该仅为健康人服务，同时还必须考虑为残疾人服务。为“非正常状态的人设计”在体现出更多人性化色彩和人文关怀的同时，反映出设计实践主体对于现实人际关系更深一层的考虑。再次，应该认真考虑地球的有限资源的使用问题，设计应该为保护我们所生存的地球的有限资源服务。

设计伦理学是一门建立在伦理学基础上，将伦理观念与各种社会关系相联系，通过人的思想意识，运用一定的手段作用于设计活动的科学。伦理学是一门在人类社会复杂关系中，以道德和道德关系为主题进行研究的学科。设计伦理学的任务是运用一定的伦理学观念与发展规律，基于人和特定条件与环境，通过物质的人工设计，从道德观念上求得人类社会的共同生存、平等、进步、秩序和安全，给予人类社会容易接受的造物实体，并促进整个社会的道德教育①。

因此，设计伦理的研究越来越受到社会各界的普遍重视，各种建立在社会道德之上的设计思想和流派纷纷亮相。如生态设计思想的倡导与实施，旨在纠正人们在社会发展认识上的误区，引导人们科学地探索设计与社会文明的关系，让人类重新认识所谓"物质富足"的社会发展至高目标，合理有效地缓解高科技下工业化大生产与生态环境的冲突，制止片面追求风格和所谓的不断变化和新奇。这一切就要求设计师们应该从设计伦理的角度出发，从人与人、人与物和人与环境等各方面的和谐发展出发，认真考虑设计师的义务和责任，通过设计活动，提倡健康、合理、适度的消费，以利于人与自然、人与社会的和谐发展。

6.2.2 莫里斯的设计伦理思想

威廉·莫里斯深受奥古斯都·普金和约翰·拉斯金的理论影响，认同"只有

---

①朱铭，奚传绩．设计艺术教育大事典［M］．济南：山东教育出版社，2001：215.

快乐的工人才能创造美丽的产品，好的有道德的设计只能出自好的有道德的社会”，主张重新发扬工业化之前的中世纪英国社会的精神。他进一步提出设计的民主思想，他反复强调设计的两个基本原则，即：产品设计和建筑设计是为千千万万的人服务的，而不是为少数人服务的活动；设计工作必须是集体的活动，而不是个体劳动。这两个原则都在后来的现代主义设计中得到发扬光大。莫里斯强调手工艺，明确反对机械化批量生产，认为手工制品永远比机械产品更容易做到艺术化。在产品装饰上，他反对矫揉造作的维多利亚风格和古典主义复兴，主张艺术家和技术家团结协作的创造活动。莫里斯在具体设计上，强调实用性和美观性的结合，在他看来，实用却丑陋的设计不是好的设计。这种看法，是他的功能与美观结合的设计思想的体现。但是如何达到这个目的，对于他来说，依然是采用手工艺的方式，采用简单的哥特式和自然主义的装饰，这一局限使他不可能成为真正现代设计的奠基人。

莫里斯“艺术为人人”的设计伦理思想主要包括两个方面：一方面是提倡艺术家应该视自己为“艺术工匠”，全程参与产品设计制作过程，提倡“艺术与劳动混合”。另一方面是提倡要为所有人做设计，他说：“如果不是人人都能享受的艺术，那艺术跟我们有何相干？”可以发现，莫里斯的伦理思想可以概括为“设计过程参与权的解放”和“设计结果使用权的平等”。

首先，莫里斯对于劳动创造的看重，来源于其对人性本质的透彻分析。他推崇创造，并且推崇创造的大众化，希望艺术家与劳动人民都加入“劳动与艺术混合”

的过程当中，希望人人都做“高兴的工作”。莫里斯认为，平凡的日常劳动者在劳动的过程中，将自己的智慧与灵魂灌注在制品中，这样的制品才最贴合使用者的需求，也最能体现出多样化的不尽雷同的艺术形态。他曾经说道：“设计图案是由一个伟大的艺术家——总之，在他不工作的时候，他是一个有高度修养、工资很高、食必山珍海味、住必高楼大厦、衣必绫罗绸缎的人——亲自草拟的吗？根本不是这样。这些作品虽然奇妙，却是由‘平凡的人’在平凡的日常劳动过程中制作出来的。”也就是说，虽然“以用户为中心的设计”和“参与性设计”直到 20 世纪 80 年代才被提出，但是莫里斯在 19 世纪，便已意识到大众参与设计过程的重要性。

其次，就设计结果的使用权而言，对应的正是当下最为普遍的认知，以大多数人能承受的价格为大众提供美观实用的设计产品的设计观念，并且，莫里斯在非常早期的时候，就“将设计的概念从狭义上的产品设计扩展至广义上的社会服务性活动”，“富有远见地指出艺术迟早要从纯粹的艺术品扩展至日常生活用品，甚至扩散渗透至人类生活的各个方面”。莫里斯曾写道：“艺术这个词语必须超出那些以艺术作品形式存在的物质的东西，它不单单包括绘画和雕刻，还包括所有日用商品的形状和颜色，甚至是为耕地和牧场所安排的场所以及对城镇和公路之类的管理。

总之，要将艺术扩展至生活的所有方面。”[①]也就是说，虽然服务设计和体验设计等概念直到21世纪才逐渐在设计界兴起，但是莫里斯在19世纪，便已将设计结果从独立的产品扩展为通过产品体现出来的整个产品体验与服务过程。

结合信息时代的设计形态对“设计过程的参与权”进行思考和拓展，在信息时代的设计中，设计过程应该包括从设计起源到投入市场，到设计跟踪、设计迭代、再生产、在市场投放的全过程。而“参与权”应该是指消费者对于设计的参与，包括主动的意见表达和行为参与、被动的数据分析，还有通过众包等形式所形成的资源整合等。对设计过程参与权的解放，可以使得来自不同背景条件的人都能获得亲自设计的机会，对自身的需求进行直接的追求，是一种对个体解放的追求。

总体来说，莫里斯对设计伦理的追求，是对设计极具远见的认识和理解，是对人性本质的还原与守护。对于参与权与使用权的追求，最终目的是实现生产与人之间的和谐关系、人与自然之间的和谐关系，制造出独具个性的、多样化表现的设计结果，在设计中体现出对人性的尊重与回归。

①蔡华杰.论劳动和人与自然的关系：威廉·莫里斯的生态社会主义论析[J].当代世界社会主义问题，2009(3):113-123.

6.2.3 未来设计伦理的复杂性

1. 设计美学演进中的伦理变化

在以农业、手工业为主体的相对漫长的传统社会，设计更大程度上是一种伦理的策略。设计既受到社会礼俗的规约，以不同形式呈现出传统文化、生活习俗、礼仪制度、宗教信仰等根深蒂固的社会思想和规范，也在程式法则、工艺技巧等传承发展的过程中服务和维系着社会的礼俗规范。相对于大机械时代职业化的设计而言，传统社会的设计尚未成为独立的活动，不具有专业化、职业化、制度化的特点，而是与造物活动融为一体。相对于工业时代的“自觉设计”，传统社会的设计是一种“自发设计”。

值得指出的是，在传统社会里，设计作为一种伦理策略，不仅以物化的形式体现人与人之间的伦理规范，而且包含生态伦理的内容。从整体上说，在传统社会里，设计作为造物活动，更大程度上体现的是社会礼俗的规约，是集体的、传承的，缺少个体的、创意的内容。从手工时代发展到机械时代，设计发生了多元化的裂变，它成为整个造物体系中一个独立的、预设的环节，并与消费发生了更紧密的联系，设计中的符号意义发生了深刻变化，左右设计发展的不再是传统礼俗，而是变动不

图 6–3 雷蒙德 · 罗威设计的可口可乐标志

息的消费市场，设计的符号意味不再指向宗法伦理和宗教信仰，而往往与消费和市场相关，更大程度上成为驱动消费的策略。

工业革命引发生产方式和生活方式的深刻变革，形成现代生产、流通、分配经济体系，设计不再是手工业时代融合为一的造物过程，而是现代产业链上游一个独立的环节，作为制造的上游程序具有专业化、制度化、程序化的特征。设计人才由学校培养，摆脱了“世代单传”“传男不传女”“传长不传幼”的传习模式，从以往行会、手工作坊等经验传承方式中解放出来。设计不再受制于无形的“传统之手”，不是凭借经验和传统行事，在创新成果的法律保护下，其知识积累和技术进步直接与市场效益和市场范围相关，设计具有了前所未有的创新活力，设计成为企业生存的重要支撑，通过设计来提升产品和企业的竞争力成为企业的普遍共识。

耳熟能详的可口可乐就是很好的例子 (见图 6–3)。雷蒙德 · 罗威对可口可乐的设计带来了巨大的商业利润，“在一个强调商品竞争、以设计创意引导消费为核心的经济运作机制中，设计比其他任何工具在经济发展中都更具有杠杆的作用，而且设计是经济发展和竞争的关键性因素”。正是在这样的背景下，“有计划地废止制度”产生，其内容在于“一是功能性废止，即让新产品具有更多、更新的功能，从而替代老产品。二是款式性废止，即不断推出新的流行风格式样和款式，致使原来的产品过时而遭消费者丢弃。三是质量性废止，即在设计和生产中预先限定使用寿命，使其在一定时间后无法再使用。总之，其目的在于以人为方式有计划地迫使商品在短期内失效，造成消费者心理老化，促使消费者不断更新，购买新的产品”。这种推陈出新刺激消费的设计观念很快波及几乎所有的产品设计领域，而随着设计从产品造型发展成为系统设计、服务体验设计，设计更从面向单一消费需要，发展为消费系统的整合方式以及消费价值和消费意义的建构策略。

20 世纪 90 年代，人类开始进入一个新的时代——信息化社会时代。如果说工业社会是有形的物质和能源创造价值的社会，是以物质生产和物质消费为主的社会，那么，信息社会则是“无形的信息和知识创造价值的社会，是以精神生产和精神消费为主的知识社会”。无形的信息成为比物质和能源更为重要的资源。在信息技术快速发展的推动下，通过信息资源与物质、能量资源相结合，创造出各种智能化、信息化、网络化的生产工具，促使信息经济活动迅速扩大，逐渐取代工业生产活动而成为国民经济活动的主要内容。设计在“跨界”发展的同时进一步回归其策略、运筹的本义。

首先，在战略层面，设计的根本目标不再是增进工业、商业等物质繁荣以获取更大的效益和更强的实力，而是着眼于文明进步和社会发展，全面协调促进生态和谐、推动经济发展方式转变、促进文化繁荣、优化生活方式，简言之，是“使生活更加美好”。

其次，在技术层面，设计的作用在于引领科技创新。因为设计关切发展、承担使命，具有战略理念，它不再是技术的追随者，而是科技的开掘者和应用者，具有主导作用。以建筑设计为例，1851 年伦敦世博会水晶宫的建造，开启了融合新技术、新材料，以建筑表达时代精神的传统，经过机械化、标准化以及运用钢铁、玻璃、混凝土诠释“工业文明”的时代。2010 年上海世博会对超轻发电膜、大豆纤维、可回收软木、标签纸等建筑材料的集中应用，对太阳能电池板、光电集成模块、新型温室绿叶植物的广泛应用，凸显了建筑“生态时代”的到来。其进步意义在于，不是因为生产技术的提升提供了用于建筑的新技术、新材料，而是为了实现人与自然的亲善和谐，为了创造宜居生活环境而创造性地开发、运用新技术和新材料，在设计理念的导引下，科技、工艺也不只是单纯的工具，而承载了新的人文理想。

图 6-4 太阳山

来自印度的努鲁·卡里姆和阿努吉·莫迪设计的“太阳山”项目，整体设计的创新点在于将回收的胶合板制成预制装置，并和 728 块太阳能电池板结合，覆盖形成建筑骨架，达到开源节能、生态可持续的目的 (见图 6-4)。

再次，在实践机制层面，设计需要跨领域协作。设计发挥着比通常意义上产品设计、展示设计更丰富的作用，体现出设计在经济转型、城市发展过程中与管理协作的战略共生关系。事实上，设计不再是单纯的工艺或艺术行为，甚至不只是设计师的行为，而是相关目标、相关主题下不同领域的综合协作。如交通系统、城市住房、能源利用、生活环境的规划中，设计是相互联系的系统，而非孤立、具体的项目环节。从这个意义上看，设计不仅需要融合科学与艺术，加强相关领域协作，更要在整体的、系统化的规划构架中发挥作用，而这种协作机制本身就是设计的战略理念和科技引领作用得以实现的保证。

2. 科学技术与设计伦理的复杂交织

科学在设计中起着重要的作用。在某种意义上，科学为许多设计决策提供了基础。在材料的特点、自然界中事物的作用方式，以及我们与设计产品间的互动方式等领域，设计师都需要依赖并运用科学知识。在某种程度上，科学的发展先于设计。人们越来越意识到全球环境危机以及不断增长的世界人口的影响，这主要是由于人们对于人类活动与自然进程之间的关系有了更深入的科学理解，也认识到了自然令人吃惊的不堪一击。

与伦理学一样，科学既体现为大量的知识，也体现为一套合理的过程。设计过程中，科学使设计师能够确定我们知识中不确定性的程度，同时能够较为可靠地预测设计中所使用材料的性能、工程师熟悉产品与结构中的安全系数等内容，用科学的方法对不确定性进行衡量。但是，科学的局限也很重要，即当谈到设计应用时，并没有绝对的“证据”。科学可以被看成是一种方法，也可以被看成一种包括了超越科学方法本身考量的过程。

由阿里巴巴推出的“鲁班”人工智能产品一秒钟可以设计出 8000 张图，这种以算法和大数据训练机器学习设计、输出设计的能力，可以释放出设计师的注意力与能量，以更好地投放在创造和革新平台上。2020 年 Rhino/Grasshopper 开发的 Finch 则是能代替建筑师进行自动画图的算法，只要预先设定好数据，Finch 在修改地块、楼层、面积、布局等方面都能够实现精细化计算，并自动生成平面和 3D 图像。类似的软件在 AI 行业目前已出现不少，所以，智能产品在效力提升上解放了更多的劳动力，同时低技术工种或许最终会被淘汰，未来设计领域的人工智能辅助设计工作一定会成为常态。

虚拟作为互联网的重要结构之一，为人类营造了另一种新型关系。这是一种迷人、紧密而无形的关系，但其中的虚假性已构成一种现实版的迷幻毒品：欲罢不能、肆意放纵、无法独处、丧失思考。技术使人性在自我内化的过程中逐渐萎缩。同样，大数据将成为新的霸权，比如数据监控的无处不在，“亚马逊监视着我们的购物习惯，谷歌监视着我们的网页浏览习惯，Twitter 窃听到了我们心中的 TA，Facebook 似乎什么都知道，包括我们的社交关系网”①。“算法”在最初是人教会的，但人工智能现在已经显示出能够自我成长并使程序自成系统，这已超越了著名科幻小说家阿西莫夫提出的“机器人三定律”。不久的将来，数据也许就会全面凌驾在政治、经济、社会和各种科学理论之上，并使世界万物的固有概念发生变化，人类的价值体系将被重建，进而促使人类知识体系和生活方式产生巨变。

智能、数据、算法和机器一样，也并不都是理性和冷酷的。就像过去，在工业制品与人之间的关系中，友爱是存在的，只是我们因技术发展得太快，所以极少

①迈尔．大数据时代［M］．盛杨燕，等译．杭州：浙江人民出版社，2013：195.

有时间或者来不及去仔细搜索和品味，也有可能是出于一以贯之的关于“冷冰冰的工业产品”概念的教唆，更有可能是因为产品最基本的实用功能目的上的扰乱，我们很难在人机关系中建立起像人与自然般的那种亲近关系。同样，数据为人类提供的依然是某种帮助、某些答案，而不能代替一切。也许如何确立这种新型关系，正是未来设计学所要首先关注的问题。实际上，在技术与服务的无止境发展中，一切新设计都将会在用户的需求中产生，设计学似乎已经没有多少事情可做。所以，在建构未来技术与人的新型生活关系的问题上，减法或许是一种明智的选择，在未来的很多时候，可能“减去”会被视作一种进步的“增加”。

1985年，意大利著名作家卡尔维诺在美国的开场演讲主题是文学中的“轻逸”[①]。他说:“我支持轻，并不是说我忽视重，而是说我认为轻有更多的东西需要说明。”“当今各种科学好像都在向我们证明。世界是靠非常微小的物质维系的，如DNA之于信息传递，中子之于核裂变，从开天辟地就处于自旋转状态的中微子、夸克，还有信息科学。不错，重量轻的软件只能通过重量重的硬件来施展力量，但发号施令者乃是软件。软件指挥硬件和外部世界，硬件按照软件的要求而存在，为编制更复杂的程序而发展。第二次工业革命的形象与第一次工业革命的形象不一样，不是轧钢

① 1985年，卡尔维诺不幸因脑溢血辞世，哈佛大学的演讲未能成行，其遗留下的6篇演讲手稿后出版，名为《未来千年文学备忘录》。

左：图 6-5 2019 年索尼全息屏幕
右：图 6-6 2019 年索尼圆柱形透明式全息显示屏

机或铸件这类沉重的东西，而是以电子脉冲形式在电路上流动的信息单位。铁制的机器将会永远存在，但他们必须服从那些没有重量的信息单位。”[①]卡尔维诺的这个描述，后来在系列电影《黑客帝国》中让我们得到了进一步的形象化感受；虚拟和现实、黑客与程序、矩阵与“母体”，新的世界被展示得如此分明却又错综复杂。2019 年，索尼全息内容的屏幕技术，特别是针对视频游戏，全息屏幕的用户不需要戴 3D 眼镜，因此这会成为索尼一个很大的优势 (见图 6-5)。2019 年，在美国洛杉矶举行的国际计算机图形和交互技术会议上，索尼展出了一款圆柱形透明式全息显示屏，让观众可从 360 度欣赏到无差别影像 (见图 6-6)。

关于未来的世界，那必将是一个对现有的观念和结构重组的社会。现代主义商品的制造方式、流通渠道，以及标准化生产、消费模式终将出局，多样性、自由化、创造性需求将会与日俱增，并且对自然友好并能抚慰心灵的产品将会受到更多的欢迎。总之，人与物、与自然的核心关系会跟随技术的演进发生状态偏移。另外，技术的不可阻挡性终将尘埃落定，但是在技术超人产生的同时，作为生物人的“超人”也会同时出现。到那时，人的设计与创造力量必将会超出我们今日的想象。

①卡尔维诺 . 美国讲稿 [M] . 萧天佑，译 . 南京：译林出版社，2008：7-8.

3. 未来设计实践中多元价值趋向的复杂性

从系统科学的角度来讲，设计一方面是以人的意志为支配，另一方面又受到客观物质性的制约，从构想到行为再到最终的产物，不仅人的意志作为设计的灵魂，而且物质作为必要的条件，使精神与物质合一作为线索贯穿设计的全过程。人的意志与物质的高度结合，促使伦理考量（有关人际关系的思考）经常化与持久化，并现实地表现为对实践原则及产物评价标准不断修正，使之越来越呈现跨越现实和特定场域的特点，不仅针对局部人群，而且指向全人类，不仅适用于现实阶段，而且指向未来。基于此，将伦理具体为设计的一种属性并不能体现出伦理考量与设计实践之间的本质关系，因为设计与伦理之间的关系不能表面化地理解为：设计的行为接受伦理的考量并对应为有关具体产物的评价，也不能简单地视作设计实践所需的实践原则和属性，而要深化为针对设计实践整体规划、现实约束和未来引导的认知与实践相结合的系统。这个系统兼具认知、导向和监控等多元的职能。以此为基础，对于设计伦理原则加以确立并不断进行必要的细化，成为设计实践及理论大力发展的重要举措。

通过对当代社会设计实践中伦理现状的无立场批判，对于设计伦理与设计行为之间的关系，立足学理立场的辨析以及将设计回归到价值本原进行的伦理分析，在较为全面地获知现有设计伦理面目的基础上，使有关设计伦理认识获得提高成为必然。相应地，对于设计伦理原则的明确提出，并在设计实践中获得根本性推进所需的路径和举措也逐渐显现出来，设计伦理原则被落实为：确立向自然学习的方法路径，创立、遵守和不断校正秩序，以产物的普适性体现群体公众性，充分体现设计产物的伦理宣示功能，在设计实践中解构“人 – 利益”关系等五点。这五个原则体现了设计伦理在设计实践中获得推进的应然与必然，若干举措则在实践的层面担负着设计伦理原则细化的工作，为现实设计的日臻完善提供了行动的导向及产物的评判依据。

可以认为，设计伦理原则细化的使命是针对现实和未来两个部分而言的，虽然具有时间的差别，但却同时释义着整个人类社会的设计实践。而另一方面，这两者之间的时间差别又现实地需要有关设计伦理原则细化的思路相应做出调整，在实现总体伦理推进的同时，兼顾发展过程的梯次和前后举措的延续性。在设计伦理原则的细化过程中，还应该关注法律的保障作用。尤其在设计权益、自然环境等不能完全依靠道德自律纠偏的环节，法律的公正性和强制性无疑使之成为设计伦理存在的唯一保障。

此外，在系统科学的视域中，要使设计伦理获得广泛的认知，展现其应有的价值，一方面需要通过现实的物质化与非物质化途径实现人类幸福的最大化，另一方面则需要以设计伦理的方式进行相应环节的监督和校正，体现对设计伦理及原则的评估。前者体现了设计伦理造福当代的使命，后者则反映了其造福全人类的情怀，而这些内容共同诠释了设计伦理原则细化的含义。

现代社会的伦理和法律体系，是建立在人的主体性基础上的。我们赋予童年价值，也是在赋予“人”价值，科技向善，应该是通过科技更好地让孩子长大成人，让孩子成长为更好的人，同时警惕技术对童年的异化。

2020 年，联合国儿童基金会在《人工智能为儿童：政策指南》的征求意见稿中提出了儿童友好的人工智能 (只要是人工智能系统会与儿童发生交互或者对儿童产生影响即满足条件，包括在线教育、智能家居、社交媒体、数字文娱、智慧政务等) 应遵循三大原则。

（1）保护 (protection)，即“不伤害” (do no harm)。儿童不应受到人工智能系统的任何有害或歧视性影响，与人工智能的交互应确保儿童安全。人工智能还应积极地保护儿童免受任何伤害和剥削。

（2）赋能 (provision)，即“为善” (do good)。充分发挥人工智能在用于支持儿童的教育、卫生服务及休闲娱乐时的潜能。

（3）参与 (participation)，即“全纳”(include all children)。儿童是具备自我意识的主体，对人工智能的使用和其对自身的影响有参与决策的权利。所有儿童都应该在构建一个负责任的数字未来中发挥作用。

《人工智能为儿童：政策指南》采取全面的儿童权利视角，保护、赋能、参与环环相扣，缺一不可。但目前互联网行业的很多实践，都仅仅关注到了“保护”，且以“控”和“隔”为主，偶有少许推动“赋能”的努力，极少让儿童真正有质量地“参与”。

为了使这三大原则落地，联合国儿童基金会还在该政策指南中，明确建议政府、监管机构、科技行业在开发儿童友好的人工智能系统时应遵循九大要求：

①支持儿童的发展和福祉；

②确保包容、多样性和儿童参与；

③公平和非歧视应被摆在优先位置；

④保护儿童的数据和隐私；

⑤确保儿童的安全；

⑥具备透明度、可解释性和问责制度；

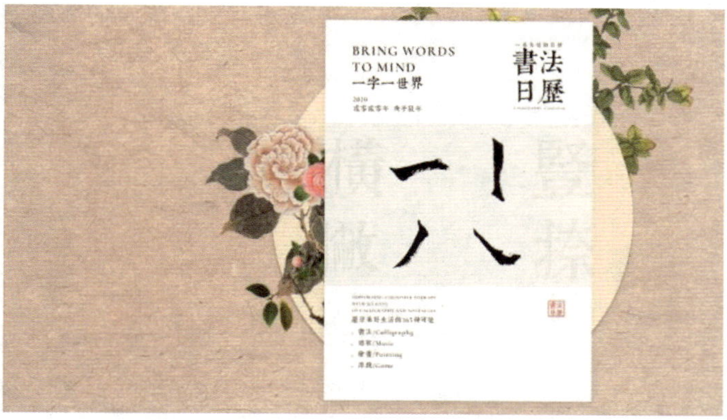

图 6-7 丁肇辰团队为老年人设计的“书法日历”

⑦具备儿童权利和人工智能的知识；

⑧培养儿童为现在和未来的人工智能发展做好准备；

⑨创造一个促进儿童友好型人工智能的环境。

2020 年底，国务院办公厅发布了《关于切实解决老年人运用智能技术困难的实施方案》。疫情加速了数字化，也给老年人制造了许多门槛。可以非数字化为基础，设计一些已出现的实体产品和服务组合，以帮助老人提升生活质量。比如，丁肇辰团队为老年人设计的“书法日历”(见图 6-7)，通过书写和游戏等方式锻炼老人的手脑协调能力，让照护者和家人找到与老年人交流的新触点。

6.3 设计文化生态系统的复杂化研究

6.3.1 斯图尔德的文化生态学

文化生态学是由美国著名人类学家、新进化论的代表人物朱利安·斯图尔德提出的，其在《文化变迁的理论》一书里集中阐述文化生态学的理论与方法，由此他也成为该领域的先驱。自文化生态学产生以来，它不仅影响到同时代及 20 世纪 70 年代之后的人类学的研究取向，而且文化生态学研究方法至今仍是许多学者的田野工作方法之一，影响深远。

文化生态学简单地说就是讨论文化与生态环境之间关系的学问。它主要是研究气候、土地、自然资源等自然条件与技术、经济、劳动力等文化因素之间的互动所造成的不同文化之异同和变化的关系。

斯图尔德说，文化生态学是“一项方法论上的工具，以确定文化对其环境的适应将如何引发若干变迁”[①]。文化生态学的研究方法是为了解“人类社会对其环境的适应究竟是需要一套特殊的行为模式，还是在某种范围之内好几套模式都可以适用”[②]。

根据斯图尔德的解说，文化生态学包括三个基本步骤。第一，分析生产技术或开发技术与环境之间的相互关系，也就是分析物质文化与自然资源之间的关系。在物质文化中，生产技术是最重要的，因为这是维持人类生存的经济活动，所以需要分析生产技术和生态环境的关系。第二，分析运用一项特殊技术开发某一特定地

①斯图尔德．文化变迁的理论［M］．张恭启，译．台北：允晨文化出版社，1984：52.

②斯图尔德．文化变迁的理论［M］．张恭启，译．台北：允晨文化出版社，1984：45.

区所涉及的行为模式。如有些猎物适合个人捕猎，而其他猎物则需要依靠集体围猎来捕获；与此同理，开发不同种类的资源会涉及不同的社会行为。第三，确定开发环境过程中所需的行为模式对文化的其他方面的影响。这一步骤需要真正的整体观，“因为人口、聚落形态、亲属结构、土地所有、土地利用，以及其他重要的文化特质若是被分别研究，则它们彼此之间以及与环境之间的相互关系就无法被掌握了”[①]。

斯图尔德的文化生态学核心观点主要体现在三个方面：①他明确提出文化生态学的中心任务是，发现随着时间推移而呈现出来的世界文化发展的规律并从因果关系方面加以解释；②他认为一个文化内部总会有一组较其他文化特征具有更重要功能的文化特征，它是该文化系统或文化类型的决定因素，为此，他用“文化核心”和“次级特征”的概念来加以界定；③他认为文化生态学过去只是从事对简单社会的研究，而现在必须逐步开始对复杂社会进行分析。从斯图尔德的观点可以看出，他研究的兴趣并不在于为文化生态学下一个定义，而在于了解“文化变迁”的过程和原因。他从一种可能主义的观点出发，试图解释面对历史和环境提供的选择机会，文化如何作出选择。他强调在文化变迁中，生态因素尽管不是唯一的决定因素，也是一个重要的决定因素。他认为文化生态学就是要研究环境对文化的影响，认为特

①斯图尔德．文化变迁的理论［M］．张恭启，译．台北：允晨文化出版社，1984：51.

殊类型的生态决定了作为文化载体的人的特征。

随后在斯图尔德的影响下，20 世纪 60 年代末第一代受斯图尔德影响的人类学家在两年的时间里发表了三部重要的文化生态学著作,即《尼日利亚的山地农民》《献给祖先的猪：新几内亚人生态中的仪式》和《北方平原居民》。到 20 世纪 70 年代后，霍利对赞比亚的多加人继承模式的变化进行研究，同时哈里斯提出“文化唯物论”，这些文化生态问题的成果，大大地深化和拓展了斯图尔德的研究。

6.3.2 设计文化生态学

设计是一种既古老又年轻的文化，把设计追溯到人类历史的“童年”，可以看到设计在历史发展过程中所扮演的文化推动、技术进化的角色。把设计定义在现代化阶段，可以发现设计对文化生态和自然生态建设与破坏的双重作用，同时设计学和设计教育处在尚未完全成熟的“青年”，也处在“文化自觉”与“转型”的成长阶段。

生态学是 1869 年由德国学者海格尔提出的一门研究有机体与环境之间相互关系的科学。生态学是研究生命系统与其周围环境系统之间的全部关系的学科，它把传统的动植物研究扩展为对人与环境之间的相互关系的研究，这其中共生与再生原则表明了不同物质之间的合作共存和互利关系，提出了自然界中物质资源的有限性问题。生态学认为，任何大小的空间内的生物和非生物成分通过物质的循环、能量的流动和信息的交换而构成一个开放的具有自我调节功能的有序整体，即生态系统。在这个系统内，不同种的有机体或小系统间合作共存，实现共生，亦实现系统有序发展及动态平衡。

依据生态学的基本观点，设计必须考虑人类整体以及自然整体的生存和生活。从这样的观点出发，设计作品与其周围的环境是一个有机的整体，是周围整体环境中的一个环节。拿建筑设计来说，建筑物对其周围环境的影响应当控制在生态系统的自我调控能力之内，使得整个生态系统处于良性循环的状态，使得建筑物与周围的环境处于和谐状态，即实施生态建筑计划。这样的建筑以整体和谐、高效环保、灵活性强为其根本特点。

由此可见，设计文化生态学概念，就是把生态学的方法引入设计学的理论创新，也是把文化生态学的方法论运用于设计研究的学科创新。因此，生态化设计要求全面考虑产品在开发研发、生产制造、销售流通、使用消费和回收利用等环节对环境的影响。人是自然生态系统的一部分，人虽然可以在一定程度上改变自然界，古语云“人定胜天”，但如不注意尺度，打破生态系统平衡的临界点，生态平衡就会遭到破坏，使全球环境恶化。

例如，我们可以将极富生命力的植物引入设计中，将植物立面更多的自然气

图 6–8 植物立面与景观设计案例

息引入密集的城市中心。城市快速发展的步伐在无形之中增加了人们的精神压力，而清新的自然环境在视觉和心灵上都创造了令人愉悦的柔和氛围。通过如此韵律变化的垂直绿化与文化元素的结合，增强了使用者和整个社区的联结，促进了城市与景观之间的共生。通过人与自然的本能联系，去真正关照城市使用者的福祉，达到人与自然共生的繁荣景象。同时，绿色植物又吸引了更多自然生物的到访，这会将丰富的自然生物带入城市，最终在城市中创造一个四季变化的自然蓝图，从地面到上层的立体花园，吸引鸟儿、蜜蜂、蝴蝶和蜻蜓环绕在城市中 (见图 6–8)。

6.3.3 设计的可持续性发展

“可持续设计”是一个包容性的概念，其含义包括两个方面：一方面是可持续设计理念研究，如提倡的“绿色设计”“生态设计”等设计理念；另一方面是其自身特点，柳冠中教授结合设计学规律和系统论知识，提出了“设计事理学”。从“造物”转为“谋事”的思考创新，其核心思想与可持续的产品服务系统设计理论有相通之处。

可持续性设计是一种把可回收性、可拆卸性、可维修性、可再生性、可重用性等一系列参数作为设计的目标和衡量的标准。可持续性设计的基本思想是在设计阶段就将环境因素和预防污染的措施纳入设计之中，将良好的环境性能作为设计目标和出发点，力求使设计对生态环境以及对社会的不良影响降到最小。可持续性设计不仅是对商业设计的反思，也是对人类现阶段的生活方式和认知思维的反思。可持续性设计能够对人类赖以生存的自然资源做到很大程度上的节约，同时也是在设计过程中对产品的构想、规划、生产、管理、维修、回收、再利用等方面进行优化。在可持续性设计上，不单单是产品的功能性的转移，还包括材质的转变和降解难易的演变，甚至大众的审美标准也是在其中。

可持续性设计影响的不仅是产品、商业等领域，其最为重要的是对人们的生活方式产生影响。可持续性设计会启发、培养、引导大众去追求更为绿色、健康、简单的生活方式，在这样的生活方式的作用下，才能会使资源使用效率更高，可回收性更强，生态更加和谐，人类才会在地球上更加长久健康地繁衍生息。

参照目前公认的“可持续发展观”的定义来界定可持续设计，可持续设计应当具备以下三个属性：环境可持续性、经济可持续性、社会可持续性。

其中，环境可持续性是第一位的，特别是在可持续产品设计发展的最初阶段，经济可持续性和社会可持续性往往会被刻意忽略。而发展至今，可持续产品设计的内涵已越来越丰富，与当初已有很大不同。同时，业界和学术界对于经济可持续性和社会可持续性的关注越来越多。值得注意的是，即使是产品的环境可持续性，也从产品本身的物质层面逐渐扩大到非物质层面，如最初关注的往往是所用材料是否环保、使用过程是否有污染、能否直接带来环境效益（如节能、净化、少排污等），转而关注产品的非物质层面的环境效益，如教育意义。某种程度上，这样的产品在社会中扮演着环保类公益广告的角色，在用户的生活中长期发挥作用。近年来对于文化可持续性的关注逐渐增多，涌现了许多地域传统文化或技艺与现代设计相融合的设计与研究，这正是可持续产品设计在社会可持续性这一维度上的逐渐丰满与完善。不难看出，可持续产品设计的发展，经历了从单一到多样化的过程，内涵上越来越趋近可持续发展观。

例如，Helix 是一款可折叠注射器，提供了一个环保的替代方案，以减少生物医学废物，是一种传统注射器和针头的绿色替代品。传统的注射器，即带有细钢针的塑料管，需要使用五种不同的材料来制造。为了减少施工过程中的费料和成本，Helix 采用一种热固化类型的硅树脂作为单一材料，保持了螺旋线可折叠部件的柔

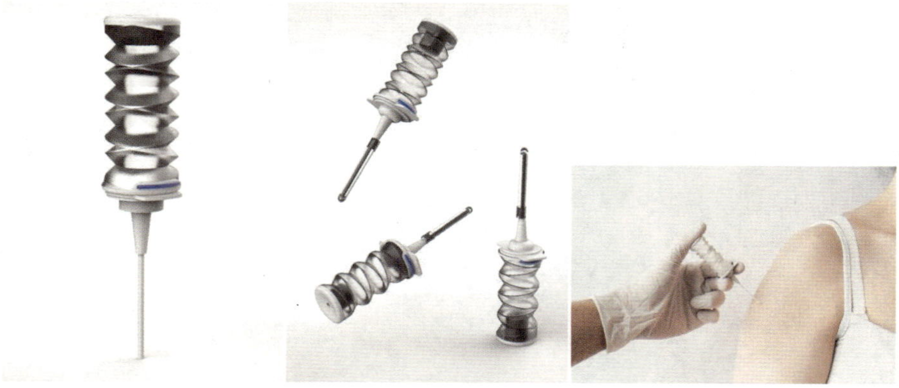

图 6–9 Helix 可折叠注射器

韧性和针的刚度。Helix 注射器的水晶硅胶结构能够携带疫苗液体，刚性柱塞下沉并压缩可折叠柱塞，通过刚性硅胶针向患者成功且安全地施用药物 (见图 6–9)。

Green Box 可降解洗漱用品套件由可堆肥塑料制成，它可以让酒店在受控的环境中进行工业堆肥和有机回收。每个盒子都配有一个一次性垃圾箱，客人们会根据颜色分级将材料分为可堆肥和不可堆肥两类——绿色代表可堆肥，白色代表不可堆肥 (见图 6–10)。

EVERLOOP 牙刷的创意设计在于让用户可以更换它的竹刷毛。通过使用可回收的塑料手柄和一次性的竹刷毛来解决环境污染这一问题。它的塑料手柄实际上是

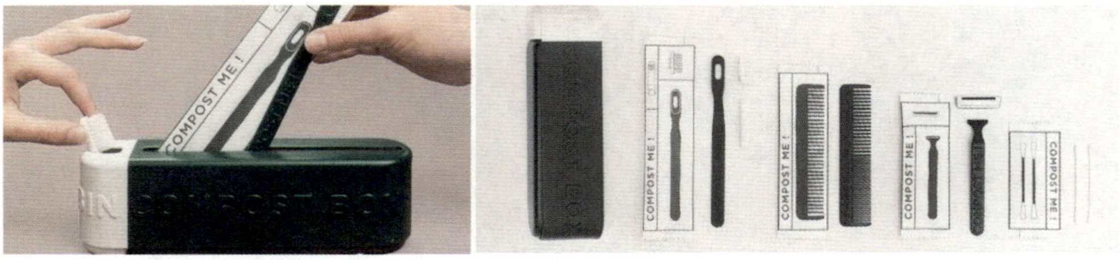

图 6–10 Green Box 洗漱用品套件

图 6-11 EVERLOOP 牙刷设计

由回收的牙刷制成的，而且牙刷的包装也来自热成型纸浆，是另一种环保的材料。这个牙刷需要每隔几个月定期更换刷头。刷头中完全没有与塑料相关的成分，因此很容易处理，对环境来说很友好(见图 6-11)。

参考文献

[1] 贝塔朗菲．一般系统论［M］．秋同，袁嘉新，译．北京：社会科学文献出版社，1987.

[2] 贝塔朗菲，拉威奥莱特．人的系统观［M］．张志伟，等译．北京：华夏出版社，1989.

[3] 哈肯．协同学：大自然构成的奥秘［M］．凌复华，译．上海：上海译文出版社，2005.

[4] 莫兰．复杂思想：自觉的科学［M］．陈一壮，译．北京：北京大学出版社，2001.

[5] 莫兰．复杂性思想导论［M］．陈一壮，译．上海：华东师范大学出版社，2008.

[6] 莫兰．方法：天然之天性［M］．吴泓渺，冯学俊，译．北京：北京大学出版社 2001.

[7] 托姆．突变论：思想和应用［M］．周仲良，译．上海：上海译文出版社，1989.

[8] 德日进．人的现象［M］．李弘祺，译．北京：新星出版社，2006.

[9] 苗东升．系统科学精要［M］．北京：中国人民大学出版社，2006.

[10] 李崇阳，李茂青．软科学研究的复杂性范式［M］．厦门：厦门大学出版社，2009.

[11] 戴森．全方位的无限：生命为什么如此复杂［M］．李笃中，译．北京：生活・读书・新知三联书店，1998.

[12] 詹奇．自组织的宇宙观［M］．曾国屏，等译．北京：中国社会科学出版社，1992.

[13] 拉兹洛．用系统的观点看世界［M］．闵家胤，译．北京：中国社会科学出版社，1985.

[14] 沃尔德罗．复杂：诞生于秩序与混沌边缘的科学［M］．陈玲，译．北京：生活・读书・新知三联书店，1997.

[15] 司马贺．人工科学：复杂性面面观［M］．武夷山，译．上海：上海科技教育出版社，2004.

[16] 巴罗．艺术与宇宙［M］．舒运祥，译．上海：上海科学技术出版社，2001.

[17] 巴罗．不论：科学的极限与极限的科学［M］．李新洲，等译．上海：上海科学技术出版社，2000.

[18] 霍克斯．结构主义和符号学［M］．瞿铁鹏，译．上海：上海译文出版社，1987.

[19] 苗军．在混沌的边缘处涌现：中国现代小说喜剧策略研究［M］．北京：民族出版社，2004.

[20] 吴跃跃．音乐教育协同理论与素质培养［M］．长沙：湖南教育出版社，1999.

[21] 狄德罗．狄德罗文集［M］．王雨，陈基发，编译．北京：中国社会出版社，1997.

［22］巴特．符号学原理：结构主义文学理论文选［M］．李幼蒸，译．北京：生活·读书·新知三联书店，1988.
［23］德索．美学与艺术理论［M］．兰金仁，译．北京：中国社会科学出版社，1987.
［24］卡西尔．人文科学的逻辑［M］．沉晖，等译．北京：中国人民大学出版社，2004.
［25］狄尔泰．精神科学引论：一卷［M］．童奇志，王海鸥，译．北京：中国城市出版社，2002.
［26］爱克曼．歌德谈话录［M］．朱光潜，译．北京：人民文学出版社，1978.
［27］里德．现代艺术哲学［M］．朱伯雄，曹剑，译．天津：百花文艺出版社，1999.
［28］里德．艺术的真谛［M］．王柯平，译．北京：中国人民大学出版社，2004.
［29］马克思恩格斯论文艺和美学［M］．北京：文化艺术出版社，1982.
［30］朱狄．当代西方艺术哲学［M］．武汉：武汉大学出版社，2007.
［31］张祥龙．朝向事情本身：现象学导论七讲［M］．北京：团结出版社，2003.
［32］阿恩海姆．视觉思维［M］．藤守尧，译．北京：光明日报出版社，1986.
［33］阿恩海姆．艺术与视知觉：视觉艺术心理学［M］．藤守尧，朱疆源，译．北京：中国社会科学出版社，1984.
［34］朱光潜．西方美学史［M］．北京：人民文学出版社，1963.
［35］叶朗．中国美学史大纲［M］．上海：上海人民出版社，1985.
［36］凌继尧．西方美学史［M］．北京：北京大学出版社，2004.
［37］牛宏宝．西方现代美学［M］．上海：上海人民出版社，2002.
［38］彭吉象．艺术学概论［M］．北京：北京大学出版社，1999.
［39］陈池瑜．现代艺术学导论［M］．北京：清华大学出版社 2005.
［40］高尔泰．美是自由的象征［M］．北京：北京出版社，2021.
［41］朗格．情感与形式［M］．刘大基，译．北京：中国社会科学出版社，1986.
［42］博克．多元文化与社会进步［M］．余心安，译．沈阳：辽宁人民出版社，1988.
［43］张晶．论审美文化［M］．北京：北京广播学院出版社，2003.
［44］宗白华．美学散步［M］．上海：上海人民出版社，1981.
［45］巴尔蒙德．异规［M］．李寒松，译．北京：中国建筑工业出版社，2008.
［46］加洛蒂．认知心理学［M］.3 版．吴国宏，译．西安：陕西师范大学出版社，2005.
［47］李幼蒸．理论符号学导论［M］．北京：社会科学文献出版社，1999.
［48］索绪尔．普通语言学教程［M］．刘丽，译．北京：商务印书馆，1980
［49］朗格．艺术问题［M］．滕守尧，译．北京：社会科学文献出版社，1983.
［50］阿瑞提．创造的秘密［M］．钱岗南，译．沈阳：辽宁人民出版社，1987.

[51] 陈超萃 . 风格与创造力：设计认知理论［M］. 天津：天津大学出版社，2016.
[52] 克罗斯 . 设计师式认知［M］. 任文永，陈实，沈浩翔，译 . 武汉：华中科技大学出版社，2013.
[53] 谢平 . 探索大脑的终极秘密：学习、记忆、梦和意识［M］. 北京：科学出版社，2018.
[54] 洛克 . 人类理解论［M］. 关文运，译 . 北京：商务印书馆，1959.
[55] 胡飞 . 中国传统设计思维方式探索［M］. 北京：中国建筑工业出版社，2007.
[56] 艾兰，汪涛，范毓周 . 中国古代思维模式与阴阳五行说探源［M］. 南京：江苏古籍出版社，1998.
[57] 乌约莫夫 . 系统方式和一般系统论［M］. 闵家胤，译 . 长春：吉林人民出版社，1983.
[58] 李砚祖 . 艺术设计概论［M］. 武汉：湖北美术出版社，2009.
[59] 劳森 . 设计思维：建筑设计过程解析［M］. 范文兵，范文莉，译 . 北京：中国水利水电出版社，2007.
[60] 布朗 .IDEO，设计改变一切：设计思维如何变革组织和激发创新［M］. 侯婷，译 . 沈阳：万卷出版公司，2011.
[61] 李巍 . 设计概论［M］. 重庆：西南大学出版社，2006.
[62] 杜威 . 艺术即经验［M］. 高建平，译 . 北京：商务印书馆，2010.
[63] 博赞 . 思维导图［M］. 叶刚，译 . 北京：中信出版社，2009.
[64] 王受之 . 世界平面设计史［M］. 北京：中国青年出版社，2002.
[65] 迈内尔 . 设计思维改变世界［M］. 平嫦嫣，译 . 北京：机械工业出版社，2017.
[66] 南怀瑾 . 易经系传别讲［M］. 上海：复旦大学出版社，2019.
[67] 何晓佑 . 未来风格设计［M］. 南京：江苏美术出版社，2001.
[68] 侯世达 . 表象与本质［M］. 刘健，译 . 杭州：浙江人民出版社，2018.
[69] 拉尔尼 . 虚拟现实 .［M］. 赛迪研究院专家组，译 . 北京：中信出版社，2018.
[70] 迈尔 – 舍恩伯格 . 大数据时代［M］. 盛杨燕，周涛，译 . 杭州：浙江人民出版社，2013.
[71] 李立新 . 设计艺术学研究方法［M］. 南京：江苏美术出版社，2009.